EL ALGORITMO QUE CAMBIÓ EL MUNDO

DAVID BONILLA

EL ALGORITMO QUE CAMBIÓ EL MUNDO
Y otras historias informáticas

nola
EDITORES

Maquetación: Ostraca Servicios editoriales
Diseño de cubierta e ilustraciones de interior: Hugo Tobío
Impresión: Gómez Aparicio
Primera edición: noviembre de 2024

NOLA EDITORES
Apdo. de Correos 7065
c/ Palos de la Frontera, 6-10
28012 Madrid (España)
<www.nolaeditores.com>

NOLA EDITORES es un sello editorial perteneciente
a Proyectos de Difusión de Contenido, S. L.
<www.prodiko.es>

ISBN: 978-84-18164-51-4
Depósito Legal: M-24.154-2024

A Cris y Hugo, por empujarme para que este libro saliera a la luz.
A Alejandro, por atreverse a editarlo.
A Bea, Yeray y Jero, por ayudarme a que cada texto saliera
con muchas menos faltas de ortografía.
Y —sobre todo— a todos los suscriptores de la Bonilista,
que me han llevado en volandas durante más de trece años.
Muchas gracias.

ÍNDICE

AÑOS 80

AÑOS 90

AÑOS 2000

ÍNDICE

EPÍLOGO

NOTA DEL EDITOR

Este libro está compuesto de una serie de textos que vieron originariamente la luz en el entorno digital. Aunque la lógica de maquetación de la versión en papel es diferente, ya que contamos con las notas a pie de página, hemos optado por conservar los subrayados de aquellos textos que venían hipervinculados a una dirección electrónica por una cuestión de estilo.

PRÓLOGO

No leo periódicos, ni escucho pódcast[1], ni frecuento YouTube. La última serie que vi fue *Alf*. No tengo Netflix. Y —por supuesto— no enciendo el televisor, ese sofisticado vertedero donde un camión volquete descarga en alta definición todas las taras y miserias de nuestro tiempo. Tampoco leo libros de autores contemporáneos, pues los clásicos me bastan. Estoy en las redes sociales, sí, pero en un personal modo de *solo escritura*: no leo a nadie, no sigo a nadie; tan solo comparto ahí algunos pensamientos y las improvisadas escalas de mi viaje.

En las congestionadas autopistas de la información, yo he elegido caminar por el arcén. Solo desde el silencio, desde el vacío, consigo pensar con claridad en este loco mundo orlado de pantallas: pantallas en el metro, pantallas en el ascensor, pantallas en el bolsillo. Vivimos la era de la sobrecarga cognitiva, del *horror vacui* digital. Somos una sociedad colectivamente enganchada a los contenidos, yonqui de la última hora. Seleccionamos cuidadosamente los alimentos que nutren nuestro cuerpo, pero inyectamos casi cualquier cosa en nuestra mente. Nunca

---

[1]   El plural adaptado al español es invariable.

hubo tanto que leer, ver, escuchar. Y, aun así, nunca se abarcó tanto y se apretó tan poco.

Mi grito de Munch a esta pandemia de la *infoxicación* es la reclusión ascética. Dar la espalda a esta posmodernidad que confunde lo importante con lo urgente, que cincela nuestra visión del mundo a golpes de algoritmo. He erigido unas anchas murallas para aislarme de la realidad en ciernes y todo su ruido. Para ir y venir de mis soledades con mis propios pensamientos.

De vez en cuando permito que algo trascienda estas barricadas mías. Alguna alhaja que celosamente selecciono y traigo a mi remanso. La lista de correo de David Bonilla —la Bonilista— es una de estas deliciosas excepciones. Una historia interesante que aterriza con delicadeza en mi buzón cada domingo, espejo de otro tiempo, ya remoto, en que llegaban al buzón cartas de amistades distantes.

Cada mensaje dominical es una reflexión que David hilvana casi con artesanía. Textos que son la infrecuente intersección de dos territorios singulares. De un lado, los temas de tecnología y negocios digitales que están moldeando nuestro mundo. De otro, la reposada reflexión de David, cargada de experiencia y sentido común. Y, entre ambas tierras, qué inusual puente: la agradable constatación de que un ingeniero también puede escribir, y escribir muy bien.

Conocí a David casi por accidente. Pronto me sedujeron la pasión que imprime a sus retos, su capacidad para comunicar y una rara ambidestreza en los dos hemisferios cerebrales: la habilidad analítica y la visión humanista. (¡Qué necesaria esta última en este tiempo de máquinas y algoritmos en los altares!) Las cincuenta historias de este volumen, tan a fuego lento cocinadas, son un perfecto compendio de esta manera de ser. Y las cuidadas ilustraciones de Hugo Tobío, el mejor celofán para unas reflexiones que hacen reflexionar.

Tomados de uno en uno, cada capítulo de esta obra es un ojo de buey por el que asomarse a una cumbre de la historia de la informática. Pero el libro que tienes entre los dedos, estimado lector, es mucho más que la suma de sus partes. Porque el conjunto es, sobre todo, un original paseo por una cordillera de la disciplina que ha partido en dos la historia de la humanidad.

Desde la aurora misma de esta nueva ciencia hasta nuestros días, página a página David saca a pasear su curiosidad. Lo hace con el rigor, el sentido común y el lenguaje desenfadado que torna este recorrido asequible por igual a técnicos veteranos y a entusiastas ajenos a la escena tecnológica.

El lector despierto disfrutará de estos cincuenta capítulos que hacen pensar. Tanto como los he disfrutado yo, como los hemos disfrutado muchos en el buzón cada domingo. Estoy seguro de ello.

JAIME GÓMEZ-OBREGÓN

AÑOS 50 Y 60

1
EL TEST DE TURING
20 de mayo de 2018

El «Test de Turing» fue concebido por el informático Alan Turing en 1950 como **un medio de describir el punto en la evolución de la inteligencia artificial en la que esta empieza a ser indistinguible de una persona**.

La semana pasada, Google mostró al mundo por primera vez Duplex —un sistema de inteligencia artificial, para completar <u>tareas interactuando con seres humanos mediante llamadas telefónicas</u>[1]— que ha hecho que tengamos que replantearnos de nuevo la vigencia del Test de Turing. ¿Ha llegado ya el momento en el que no podremos saber si estamos hablando con una máquina o con un ser vivo?

Lo fascinante del Test, en cualquier caso, son sus implicaciones éticas y morales. Porque, en realidad, lo único que pretendía Turing es responder una simple pregunta que aparece en la primera línea de <u>las 28 páginas del artículo académico en el que lo dio a conocer</u>: ¿pueden pensar las máquinas?

Como el concepto de pensamiento es muy abstracto, lo tradicional hubiera sido empezar el artículo con una definición del término. Sin

---

[1] <https://www.youtube.com/watch?v=WPzu6W2rWNs>.

embargo, Turing utilizó una aproximación distinta: un juego en el que solo se expondrían las capacidades intelectuales de los participantes, ocultando las físicas. El Juego de la Imitación.

El jugador A es un máquina y el B una persona. El jugador C no tiene contacto visual con ninguno de los otros jugadores y solo puede comunicarse con ellos por medio de notas escritas. Al hacerles preguntas, intentará determinar cuál de los dos es la máquina y cuál la persona. Si no puede, la máquina habrá pasado el Test de Turing.

La capacidad del Test de Turing para determinar si una máquina puede pensar o no siempre ha generado una gran controversia y cuenta con tantos seguidores como detractores. Puede que Duplex pasara el test, pero ¿eso le convertiría en un ser inteligente? ¿En un ser capaz de gestionar objetivos y dilucidar por sí solo las tareas necesarias para alcanzarlos? Y en el caso de que tuviera inteligencia, ¿deberíamos dotarle también de algún tipo de ética?

Las **Tres Leyes de la robótica**, planteadas por **Isaac Asimov** en 1942, parecían darnos un sólido armazón moral sobre el que construir una inteligencia artificial:

1) Un robot no hará daño a un ser humano, ni permitirá con su inacción que sufra daño.

2) Un robot debe cumplir las órdenes dadas por los seres humanos, a excepción de aquellas que entrasen en conflicto con la primera ley.

3) Un robot debe proteger su propia existencia en la medida en que esta protección no entre en conflicto con la primera o con la segunda ley.

Sin embargo, las eternas pulsiones para conjugar el bien común y el individual —en las que la Humanidad lleva sumida desde su origen— hicieron que ese armazón saltara por los aires. El propio Asimov creó una Ley Cero a la que debían supeditarse las otras tres: «Un robot no hará daño a la Humanidad o, por inacción, permitir que esta sufra daño».

Una inteligencia artificial que siguiera las Tres Leyes de la robótica de forma estricta no habría podido asesinar a Hitler al comienzo de la Segunda Guerra Mundial, aunque hubiera tenido ocasión de hacerlo. La pregunta que tenemos que hacernos es: ¿Queremos crear máquinas que sean capaces de hacerlo?

El problema es que un ser humano es algo concreto y, por el contrario, la Humanidad un concepto abstracto. Al intentar llegar a un consenso sobre el mismo, **dejamos de debatir sobre la ética que querríamos implementar en el código máquina para empezar a hablar de nosotros mismos**.

No parece casualidad que Turing publicara un test que genera más preguntas que respuestas en una revista académica de filosofía, en vez de en una de computación o matemáticas. Tampoco que en la Universidad de **Oxford** —una de las mayores potencias a nivel mundial en el campo de la Inteligencia Artificial— se ofrezca la licenciatura híbrida de Informática y Filosofía[2].

Pero hace tiempo que la Inteligencia Artificial y el Machine Learning abandonaron el campo de lo puramente teórico para convertirse en una realidad y, por tanto, su alcance e implicaciones deberían ser comprendi-

---

[2]   <https://www.cs.ox.ac.uk/admissions/undergraduate/courses/cs_philosophy.html>.

dos y debatidos por la opinión pública. Da tanto miedo el plan de China para convertirse en la superpotencia mundial de Inteligencia Artificial en 2030[3] como la inexistencia de una mínima estrategia al respecto en nuestro país. Como dice Andrés Torrubia, «la inteligencia artificial ha pasado a ser una cuestión de Estado».

En 1950, Turing formuló su Test como una hipótesis. Hoy, **la pregunta no es si alguna vez una máquina será capaz de superarlo sino cuándo lo hará**. Lo que hagamos en ese momento nos definirá no solo como sociedad sino, también, como especie. Más nos vale empezar a preparar las respuestas.

---

[3]   <https://www.fhi.ox.ac.uk/wp-content/uploads/Deciphering_Chinas_AI-Dream.pdf>.

2
LA LEY DE GORDON
2 de abril de 2023

La semana pasada, Gordon Moore murió a los noventa y cuatro años en su casa de Hawái, rodeado de su mujer Betty —con quien llevaba setenta y tres años casado—, sus hijos Kenneth y Steven y sus cuatro nietos.

Moore es mundialmente conocido porque, en 1965, escribió un artículo para la revista Electronics[1] en el que predecía —entre otras cosas— que **el número de componentes de un chip se duplicaría cada año**, lo que suponía pasar de 60 a 60.000 en apenas una década. El cálculo resultó ser ridículamente preciso y, en 1971, Carver Mead empezó a usar la expresión «Ley de Moore» para referirse al mismo. Había nacido una leyenda.

Pero Gordon fue mucho más que esa Ley y su historia es ni más ni menos que la historia de Silicon Valley.

En 1956, el físico William Shockley —que había ganado el Nobel, junto a John Bardeen y Walter Brattain, por sus descubrimientos en el campo de los semiconductores y el diseño del transistor— fundó un laboratorio en Mountain View, California, para el que intentó reclutar a algu-

---

[1] <https://hasler.ece.gatech.edu/Published_papers/Technology_overview/gordon_moore_1965_article.pdf>.

nos de sus antiguos compañeros en Bell Labs. La mayoría rehusaron la oferta porque casi todas las empresas y profesionales relacionados con los semiconductores estaban en la costa este de Estados Unidos, no en ese recóndito lugar a las afueras de San José.

Porque Shockley no eligió ese emplazamiento porque estuviera rodeado de algunas de las mejores universidades técnicas del mundo o porque allí hubiera un ecosistema de emprendimiento tecnológico, sino porque quería vivir cerca de su anciana madre. **Si la mamá de William hubiera vivido en Monforte en vez de en Palo Alto, a lo mejor la Ribeira Sacra se conocería hoy como la Ribeira do Silicio.**

Pero Shockley tenía tanto de buen hijo como de mal jefe y ocho de sus mejores ingenieros —a los que se denominó despectivamente, los ocho traidores[2]— abandonaron su compañía para fundar Fairchild Semiconductor, que pronto se convirtió en el líder de la industria. Uno de ellos era Gordon Moore.

Para entender el impacto de los ocho traidores en la creación de Silicon Valley, debemos tener en cuenta que, en 2014, **de las 130 compañías del área de la bahía de San Francisco que cotizaban en bolsa, el 70%**

---

[2] <https://en.wikipedia.org/wiki/Traitorous_eight>.

tenían un vínculo directo con los antiguos fundadores o empleados de Fairchild —desde AMD a Apple, pasando por Google u Oracle— conocidas como _fairchildren_[3].

Sin embargo, la más famosa es otra. En 1968, Gordon y su compañero Robert Noyce abandonaron Fairchild para fundar NM Electronics que, un año después, se convirtió en... **Intel**. Moore dirigió la compañía durante más de treinta años, en los que consiguió hacer realidad su ley y cumplir su visión: que todos pudiéramos tener un ordenador en casa y un «dispositivo portátil para poder comunicarnos».

Gracias por todo Gordon.

---

[3]   <https://computerhistory.org/blog/fairchild-and-the-fairchildren/>.

3
REVISANDO LA LEY DE CONWAY
13 de agosto de 2023

En 1967, el informático Melvin Conway llegó a la conclusión de que «las organizaciones están abocadas a producir diseños que se estructuran de la misma forma que se estructura la comunicación en dicha organización».

Vamos, básicamente, que —por ejemplo— **si una empresa tecnológica se estructura en equipos autónomos que se coordinan entre sí, es más que probable que acaben desarrollando un software modular**. Si, por el contrario, se organiza como un único gran equipo con grupos especializados para la parte de *frontend* y de *backend*, lo más normal es que cada una de esas capas se desarrolle de forma independiente y acaben integrándose con mejor o peor fortuna.

Lo que ha llegado a ser conocido como «la Ley de Conway» es **uno de los axiomas más importantes de la industria informática, pero —también— de los más desconocidos y, sobre todo, malinterpretados**. Porque, aunque Conway habla de «estructuras de comunicación», solemos quedarnos únicamente con la parte de estructuras y pasar por alto la parte de comunicación.

La confusión puede venir en parte porque en el _Nuevo Dicciona-rio para Hackers_[1] —una obra seminal de la cultura informática— se simplificó la Ley como «la organización del software y del equipo que lo produce serán congruentes», pero también porque —frecuente-mente— **los programadores minusvaloramos la importancia de la comunicación en el desarrollo de software**.

El principio de «software funcionando antes que documentación completa» —introducido por _el Manifiesto Ágil_[2] y que fue mal traducido como «documentación extensiva»— ha confundido a mucha gente. Hasta el punto de creer que lo más importante es aporrear teclas hasta que algo «funcione», antes que entender, consensuar y explicar cómo se debe hacerlo y por qué.

Y cuando hablamos de «comunicación», solemos acotarla a nuestra interacción con proveedores o clientes, no a la transmisión de informa-ción y toma de decisiones entre los actores más relevantes de nuestro proceso productivo: los miembros de nuestro equipo. La última vez que comprobé cuánto invertía una empresa —la mía— en comunica-ción externa e interna, la proporción era de 8 a 1.

---

[1] <https://www.gutenberg.org/files/3008/3008-h/3008-h.htm#ConwaysLaw>.
[2] <https://agilemanifesto.org/>.

Otro problema de la Ley de Conway es que no se puede demostrar. De hecho, el *Harvard Business Review* rechazó el artículo que la contenía con el argumento de que Conway no presentaba ninguna evidencia que probara su tesis. Así que, finalmente, las cuatro páginas de *¿Cómo inventan los comités?*[3] se publicaron en el número de abril de 1968 de la revista *Datamation*.

Pero **Conway no sugiere causalidad, sino correlación**. No da por hecho que una empresa produce productos o servicios de una determinada manera por sus procesos de comunicación interna, sino que entre unos y otros hay una correspondencia.

En 1997, un interesante estudio de Nigel Bevan sobre problemas de usabilidad en el diseño de webs[4] concluyó que «a menudo, las organizaciones producen sitios web con un contenido y estructura que reflejan más las preocupaciones internas que las necesidades de sus usuarios».

En 2008, después del fracaso que supuso Windows Vista, Microsoft financió una investigación de la Universidad de Maryland que demostró la influencia de la estructura de una organización en la calidad del software que produce[5]. Usando el proceso de desarrollo de Vista como caso de estudio, concluyó que «la complejidad de la estructura organizativa de una empresa predice de forma estadísticamente significativa la tendencia al fallo de la misma».

Finalmente, no deja de ser paradójico que —en 2012, cuarenta y cinco años después de rechazar el artículo original de Conway— Harvard publicara un texto sobre la dualidad entre la arquitectura de un producto y la organización que lo desarrolla[6], en el que se constatan las evidencias sobre «el impacto de las decisiones de diseño organizacional en la estructura técnica de los productos que estas organizaciones desarrollan posteriormente».

---

[3]   <https://www.melconway.com/Home/pdf/committees.pdf>.

[4]   <https://assets.publishing.service.gov.uk/media/57a08da640f0b652dd001abc/Usability-issues-in-website-design.pdf>.

[5]   <https://www.semanticscholar.org/paper/The-influence-of-organizational-structure-on-Nagappan-Murphy/cc52bfc42571c3caa33f1348cc814ce168639837>.

[6]   <https://dash.harvard.edu/bitstream/handle/1/34403525/maccormack%2C-baldwin%2Crusnak_exploring-the-duality.pdf>.

Pero más allá de sesudos estudios y complejas investigaciones, **hay algo dentro de nosotros —nuestro «test de tripas»— que nos dice que Conway tenía razón**.

Que si una empresa crea dos equipos —uno para iOS y otro para dispositivos Android—, aunque en teoría desarrollen la misma aplicación, la similitud de las dos versiones tendrá una relación directa con la comunicación que exista entre un grupo y otro. Que si los bugs y problemas reportados por los usuarios se comunican de forma efectiva y constructiva al equipo de desarrollo, este tendrá aún más cuidado en la calidad del código que lleva a producción.

CÓMO SOBREVIVIR A LA LEY DE CONWAY

Un buen primer paso para aplicar la Ley de Conway para nuestro propio beneficio sería **dejar de ignorarla**. El segundo —como apunta Martin Fowler— podría ser **no luchar contra la misma**.

El simple hecho de tener dos equipos en distintos pisos del mismo edificio ya impacta significativamente en la comunicación entre los mismos. Aún más si trabajan en distintas oficinas o poblaciones alejadas. En vez de continuar obviándolo, podemos asumirlo.

En el ejemplo que menciona Fowler[7], la responsable técnica de un equipo que tenía que diseñar la arquitectura de un nuevo proyecto que iban a desarrollar 6 equipos diferentes en distintas ciudades por todo el mundo, decidió que iba a tener 6 subsistemas. Aún no sabía que iba a hacer cada uno, pero sí que iban a ser 6.

Otra opción, más extrema, es **modelar la estructura de tu equipo y sus procesos de comunicación para que se adapten al tipo de productos o servicios que quieras desarrollar**, lo que se conoce como Maniobra Inversa de Conway. Algo más fácil de decir que de hacer.

---

[7] <https://martinfowler.com/bliki/ConwaysLaw.html>.

Conway y el trabajo remoto

Igual de estúpido que circunscribir la Ley de Conway a la industria informática sería pensar que solo aplica a las empresas que desarrollan un producto propio en vez de proporcionar un servicio a terceros, que las obligue a adaptarse a la estructura y procesos de sus clientes.

En realidad, siempre existe un núcleo organizativo y unos procesos de comunicación propios —parte de eso que, a veces, se llama «cultura»— que permanecen, independientemente de con quien se trabaje.

Da igual si nuestros clientes usan Scrum o Kaban. Si en nuestra empresa se comunica con total transparencia toda la información relacionada con el proyecto o la gestión de la cuenta, es muy probable que nuestro equipo encuentre nuevas oportunidades para aportar valor. Da igual si se organizan en equipos autónomos o en departamentos horizontales, si todos nuestros empleados saben lo que hacen sus compañeros y se comparten tanto los éxitos como las dificultades, es muy probable que nuestro grupo encuentre la forma de colaborar entre sí.

También **sería bastante torpe usar el evidente impacto que tiene la ubicación para la comunicación cara a cara como argumento en contra del trabajo remoto**. Precisamente, una de las ventajas del remoto es que permite que todos se comuniquen *online* en igualdad de condiciones, independientemente de su ubicación. Solo tenemos que asegurarnos de que esas condiciones sean las mejores posibles.

Por el contrario, **el remoto exige definir de forma explícita esos procesos de comunicación que tendrán una correlación directa con el trabajo que desarrollemos, según Conway**, en vez de improvisarlos o asumir su diseño de forma implícita. Y, en el caso de que quisiéramos hacer una Maniobra Inversa de Conway, una organización completamente remota será mucho más adaptable que una distribuida en diferentes espacios físicos.

En cualquier caso, da igual que trabajemos de forma remota o presencial, desarrollando un producto o prestando servicios. Lo que Conway nos enseña a todos es que **una de las mejores inversiones que una**

empresa puede hacer es asegurarse de que su comunicación interna se alinea con su misión y propósito. En 2023, la mayoría sigue viéndola como poco más que un gasto y un trámite molesto.

4
LA MADRE DE TODAS LAS DEMOS
24 de marzo de 2019

La evolución suele producirse a través de pequeños pasos a lo largo del tiempo pero, de vez en cuando, se produce un enorme e inexplicable salto. También en la tecnología. El 9 de diciembre de 1968, una presentación de noventa minutos transformó por completo la visión que el mundo tenía de los ordenadores. «La madre de todas las demos» es las pirámides de Keops, Kefren y Micerino de la Informática. Hoy no podemos explicarnos cómo lograron completarla con los medios con los que entonces contaban.

Douglas Engelbart hizo la chaladura de inventar el ratón, los hiperenlaces, la videoconferencia, el trabajo colaborativo e interactivo con el ordenador, el *copy & paste*, el *drag & drop*, los interfaces gráficos basados en ventanas, los dispositivos de entrada basados en gestos, el procesador de textos y el primer control de versiones; y mostrarlo todo DE GOLPE ante una anonadada audiencia en una conferencia que fue en sí un milagro técnico[1] y costó más de 1 millón de dólares.

---

[1]   <https://www.youtube.com/watch?v=yJDv-zdhzMY>.

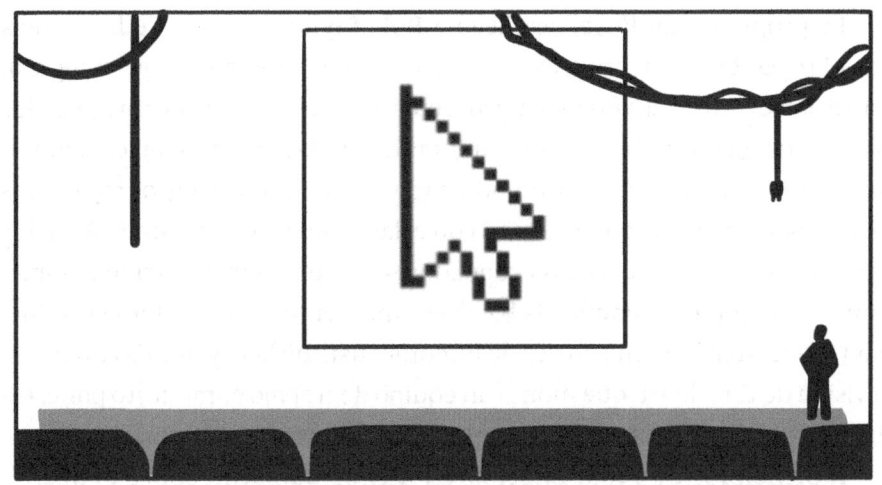

Sin embargo, la intrahistoria detrás de la demo de Engelbart es tan interesante como lo que mostró en el escenario.

En 1948 Engelbart consiguió completar sus estudios de Ingeniería Eléctrica, después de volver de la Segunda Guerra Mundial. Sus objetivos vitales no eran especialmente ambiciosos —casarse con su novia de toda la vida, conseguir un buen trabajo y disfrutar de una existencia confortable y sencilla—, pero en 1951 tuvo una revelación, una epifanía. Calculó que a su carrera profesional le quedaban 5 millones de minutos de trabajo y llegó a la conclusión de que quería emplear ese tiempo en contribuir al progreso de la Humanidad construyendo las herramientas necesarias para lograrlo.

No era un farol. Dejó su trabajo y volvió a estudiar. En 1953 consiguió el master en Ingeniería Eléctrica en Berkeley y en 1955 el doctorado. En 1957 consigue un puesto en el Stanford Research Institute (SRI), donde realiza diversas labores e invierte dos años en un nuevo campo de estudio: cómo potenciar el intelecto humano, desde el lenguaje hasta las estrategias organizativas. Finalmente, en 1962 publica el ensayo «Augmenting Human Intellect: A Conceptual Framework»[2].

---

[2]   <http://dougengelbart.org/content/view/138>.

La propuesta de Engelbart llegó a **Bob Taylor**, director de la Agencia para Proyectos de Investigación Avanzada (ARPA, por sus siglas en inglés). La misión de ARPA era financiar proyectos de investigación, por arriesgados o extraños que parecieran, para intentar que la Administración estadounidense no volviera a verse sorprendida y superada por los logros científicos de la Unión Soviética, como le pasó con el lanzamiento del Sputnik. A Taylor le encantó la idea de usar los ordenadores con una aproximación completamente distinta a la empleada hasta ese momento —aumentar la producción intelectual humana en vez de intentar sustituirla— y decidió financiar la visión de Engelbart, que monta un equipo de trabajo compuesto por estudiantes y jóvenes doctorados, con el que intentar convertirla en realidad.

A principios de 1968, Engelbart y Taylor hablaron sobre la posibilidad de hacer una demostración de todo lo que habían construido en la próxima Joint Computer Conference, que se celebraría a finales de año. El primero argumenta que hacerla costaría una fortuna. Tendrían que establecer una conexión entre San Francisco —donde se celebraría la conferencia— y Menlo Park, donde estaba el *mainframe* que ejecutaba el software del proyecto, a más de 45 kilómetros de distancia. El segundo le anima a hacerla y le asegura que la financiación no será ningún problema, pero le pide que no escatime recursos y construya una infraestructura redundante para asegurarse de que todo funcione.

Para lograrlo, el equipo de Engelbart tuvo que conseguir un <u>Eidophor</u>[3] con el que proyectar la salida de vídeo del ordenador, mezclada con la imagen en vivo de Doug y su equipo, en **una pantalla de casi 7 metros de alto y cinco y medio de ancho**. Para transmitir la imagen de vídeo entre el laboratorio y la sala de conferencias se usaron **dos enlaces de microondas**: dos transmisores en el techo del edificio del SRI, un repetidor en Woodside —en medio de las montañas— montado en un camión y dos receptores en el techo del Civic Auditorium.

Para transmitir los datos —las pulsaciones de teclas y los movimientos de ratón que hacía Engelbart en el escenario— hasta el <u>SDS 940</u>[4] en

---

3   <https://en.wikipedia.org/wiki/Eidophor>.
4   <https://en.wikipedia.org/wiki/SDS_940>.

Menlo Park, tuvieron que construir **2 módems artesanales que operaban a 1.200 baudios** —1,2 Kbits/segundo, alta velocidad en 1968 y hasta bastantes años después— que eran unidireccionales, así que, necesitaban uno para subir datos al servidor y otro para recibirlos. Toda esa infraestructura permitía que Douglas interactuara con el ordenador en vivo desde el escenario, usando una sencilla consola, en una época en la que estas máquinas pesaban toneladas y ejecutaban programas de forma desasistida. Los asistentes, sencillamente, no podían creer lo que estaban viendo.

ARPA **acabó gastándose 175.000 dólares de la época —alrededor de 1,2 millones de hoy en dia, teniendo en cuenta la inflación—** en la preparación de la demo, la pregunta es ¿por qué?

Por dos motivos principalmente. Primero, por **poner en valor al grupo de Engelbart y sus logros.** Antes de la demostración, una parte significativa de la comunidad informática pensaba que Douglas era «un chiflado». En una época en la que la mayoría de los informáticos no entendían por qué un operador debía interactuar con máquinas destinadas a procesar información y devolver un resultado, la visión de Engelbart de **crear ordenadores que no requirieran a sus usuarios saber lenguajes de programación** parecía una excentricidad.

Segundo, porque el *Zeitgeist* del momento, **la posición de la opinión pública respecto a la informática era bastante negativa.** Los ordenadores eran vistos como máquinas inaccesibles, custodiadas en lo más profundo de grandes corporaciones, agencias gubernamentales y laboratorios universitarios y utilizadas por estos para estudiar y explotar a la población cuando no directamente aniquilarla, realizando complejos cálculos balísticos que calentaban la Guerra Fría. En ese contexto, cuando los ordenadores eran cualquier cosa menos personales, Engelbart proponía: «Si tuvieras en tu oficina un ordenador disponible para ti todo el día, reaccionando instantáneamente a cualquier tarea que hicieras con él, ¿cuánto valor podrías obtener?». **El mayor logro de Doug no fue enseñarnos cómo podría ser el software o el hardware, sino mostrarnos qué deberíamos hacer con él.**

Durante la demo, se podía escuchar el vuelo de una mosca. Cuando esta acabó, la audiencia estalló en una atronadora ovación. Engelbart acababa de cambiar la Informática para siempre. Sin embargo, para Douglas la tecnología era solo un medio para conseguir un fin: ayudar a la Humanidad a colaborar y progresar. Nuestra responsabilidad es preservar su legado.

AÑOS 70

5
50 AÑOS DE SQL
8 de septiembre de 2024

SQL es una de las tecnologías más relevantes del mundo. Es el principal lenguaje con el que se almacena, consulta y modifica la información que sustenta a gobiernos y grandes corporaciones. Sin embargo, la historia detrás del mismo es bastante desconocida, no ya por el público general sino por los propios informáticos.

Desde mediados de los años sesenta, **Edgar Frank «Ted» Codd** —empleado de IBM— trabajaba en el diseño y conceptualización de diferentes sistemas de organización de datos. En junio de 1970 publicó el artículo «Un modelo relacional de datos para grandes bancos de datos compartidos»[1] en la revista de la Asociación de Maquinaria Computacional.

Codd propuso un sistema basado en el algebra relacional que era mucho más sencillo y efectivo que las arquitecturas jerárquicas y de red que se usaban en la época. Sin embargo, IBM no mostró especial interés en su propuesta porque se estaba hinchando a ganar dinero con IMS/DB, la base de datos jerárquica que estaba comercializando.

Ted no se quedó de brazos cruzados, sino que **se jugó el puesto al empezar a evangelizar las ventajas de su modelo —por iniciativa pro-**

---

[1]   <https://www.seas.upenn.edu/~zives/03f/cis550/codd.pdf>.

pia— entre los clientes de la multinacional, que empezaron a presionar a IBM para que lo implementara.

En vez de despedirlo, la compañía decidió trasladarlo a su laboratorio de investigación de San José, donde le permiten seguir desarrollando su modelo relacional y empieza a trabajar en Alpha, un lenguaje que lo implemente.

En 1972 Codd dio un simposio interno al que acudieron **Ray Boyce** y **Don Chambelin,** dos jóvenes graduados recién contratados por IBM para que experimentaran con el novedoso concepto de «datos persistentes», información almacenada de tal manera que sobreviva a la ejecución de un programa, incluso después de que el sistema o la aplicación se apague o reinicie.

Para Boyce y Chambelin la exposición al modelo relacional de Codd fue una especie de revelación y empezaron a diseñar su propia implementación del mismo, un lenguaje al que llaman **SQUARE** o «Specifying Queries in A Relational Environment».

No eran los únicos. El artículo de Codd había despertado mucho interés y, en la universidad de Berkeley, otro equipo estaba trabajando en Ingres; un proyecto similar —del que derivaría la base de datos open source Postgres o «post **Ingres»**— **que contaba con su propio lenguaje de consultas, llamado QUEL**.

Con buen criterio, IBM consideró una estupidez que dos grupos de trabajo estuvieran desarrollando el mismo proyecto en paralelo y, en 1973, también traslada a Boyce y Chambelin al laboratorio de San José. Sin embargo, estos tenían sus propios planes.

En vez de seguir trabajando en SQUARE —que usaba una estructura anidada difícil de transcribir con un teclado— o el Alpha de Codd, que consideraban «demasiado matemático» y complejo, **decidieron implementar un nuevo lenguaje «tan sencillo que pudiera ser usado por cualquier oficinista»**. Como IBM no creía demasiado en el potencial comercial de las ideas de Codd, les permitieron tomar el control del proyecto y matar Alpha.

Como juego de palabras con la «competencia» de QUEL, deciden llamarlo SEQUEL. Lo diseñan como un lenguaje completamente declarativo —describe la información que se está buscando, no la lógica para encontrarlo— en vez de procedural. Para conseguirlo, se suman al proyecto **Patricia Selinger**, que desarrollaría un optimizador para hacer las consultas más eficientes; y **Raymond Lorie**, que inventó un compilador que guardaba esa lógica de búsqueda para poder usarla de nuevo.

En 1974, aproximadamente un mes después de presentar SEQUEL por primera vez en una conferencia técnica, Ray Boyce murió repentinamente a causa de un aneurisma cerebral. Tenía veintiséis años y una hija de apenas diez meses.

Tras la prematura muerte de Ray, SEQUEL continuó evolucionando como parte del proyecto System R, la iniciativa de IBM para crear una primera base de datos relacional comercial. Se instaló experimentalmente en tres clientes y, a partir de la experiencia recopilada con esos primeros usuarios, en 1976 publicaron un diseño más completo.

En 1977, se eliminaron las vocales del nombre porque «SEQUEL» era una marca registrada de la compañía aeronáutica Hawker Siddeley. Nacía SQL, que empezó a usarse como acrónimo de «Structured Query Language».

IBM seguía sin tener ninguna prisa por dar el salto a las bases de datos relacionales. Su lentitud permitió que, en 1979, un joven programador y emprendedor copiara el lenguaje a partir de la documentación técnica publicada y comercializara la primera base de datos relacional del mundo que implementaba SQL. Su nombre era **Larry Ellison** y llamó a su base de datos **Oracle**.

Presionada por la competencia, finalmente IBM lanzó SQL/DS en 1981 y DB2 en 1983, pero nunca volvió a recuperar el liderazgo en el mercado de bases de datos relacionales.

SQL supuso tal impacto en la gestión de la materia prima más cara y peligrosa del mundo —la información— que, en 1986, la **ANSI** (American National Standards Institute) lo adoptó como estándar para lenguajes de consulta en bases de datos relacionales. Al año siguiente, la **ISO** (International Organization for Standardization) también lo aprobó como estándar internacional.

A lo largo de los años, el estándar ha evolucionado para adaptarse a nuevas tecnologías y necesidades; pero, en esencia, sigue siendo la misma propuesta recogida en las catorce páginas escritas por Chamberlin y Boyce[2].

Michael Stonebraker, uno de los creadores de QUEL y principal damnificado por el éxito de SQL, no solo no guarda ningún rencor al lenguaje, sino que cree que la industria se ha beneficiado por esa estandarización. En una entrevista para *The Register*, a propósito del quincuagésimo aniversario del mismo, declaró: «Hay decenas de lenguajes de programación en el mundillo del desarrollo de software. En bases de datos, solo uno».

Y el estándar dice que SQL es un inicialismo y, por tanto, debe pronunciarse «ese-cu-ele». Sin embargo, muchos profesionales —incluyendo a su creador, Don Chamberlin— lo pronuncian como un acrónimo, «sicuel», igual que su nombre original. Siempre he querido pensar que Chamberlin lo hace como homenaje a su viejo amigo Ray, que murió antes de que poder ver cómo su creación adoptaba otro nombre y —también— cambiaba la informática para siempre.

No sé cómo lo pronunciabas hasta ahora, pero creo que sé cómo lo harás a partir de hoy.

---

[2]   <https://web.archive.org/web/20070926212100/http://www.almaden.ibm.com/cs/people/chamberlin/sequel-1974.pdf>.

6
LA HISTORIA DEL LENGUAJE C
3 de septiembre de 2023

EL LENGUAJE DE PROGRAMACIÓN QUE LO CAMBIÓ TODO

En 1972, se publicó la primera versión de C. Cincuenta y un años después, muchos programadores lo consideran un fósil de otra era que únicamente sirve para desarrollar a bajo nivel y raspar metal, pero la realidad es que **la mayoría trabajamos con lenguajes de programación que —de una u otra manera— están basados en el mismo**.

Y, aunque algunos lo ignoren, **contribuyó de forma decisiva a la democratización de la Informática**. Porque, antes de que C naciera, lo normal era que los lenguajes de programación se crearan para un sistema específico, lo que dificultaba enormemente la portabilidad del software entre distintas máquinas.

La historia de C está íntimamente ligada a la del sistema operativo UNIX, que empezó a desarrollarse en 1969 usando ensamblador —un lenguaje de bajo nivel— o lo más cercano que existe a programar en código máquina, puros ceros y unos.

Para desarrollar aplicaciones para la nueva plataforma, **Ken Thompson** quería dotar a la misma de un compilador de un lenguaje de programación de alto nivel —más cercano al lenguaje humano— y creó una

versión más sencilla del lenguaje BCPL, a la que denominó simplemente B. Y, como BCPL, B disponía de un «compilador», una pieza de software que traducía los programas al código máquina de un procesador específico, para facilitar la portabilidad de un sistema a otro.

Pero B no acababa de cuajar porque era lento. Así que, en 1971, **Dennis Ritchie** —otro miembro del grupo de desarrollo de UNIX— empezó a mejorar B para que incluyera nuevas funcionalidades, como un tipo de dato de texto, y llamó a esta versión «nuevo B» o NB.

Thompson empezó a usar NB en vez de ensamblador para programar UNIX y sus necesidades fueron modelando el desarrollo del lenguaje. A lo largo de 1972, se añadieron nuevos tipos de datos, punteros a memoria, arrays de todos los tipos y la posibilidad de que las funciones devolvieran esos tipos. Se creó un nuevo compilador y, en un alarde de imaginación, el lenguaje se renombró como «C».

La versión 2 de UNIX, ya incluía el compilador de C y algunas utilidades. **La 4, lanzada en noviembre 1973, fue reimplementada casi por completo en C... lo que favoreció su portabilidad a otras máquinas** —en teoría, «solo» había que crear un compilador para el sistema al que lo quisieras portar— **y, por tanto, una explosión de su popularidad y la del lenguaje**. El resto es historia.

Antes de C ya existían lenguajes de alto nivel, como FORTRAN o COBOL, que tenían cierta portabilidad, pero estos tenían un dominio funcional específico y eran bastante ineficientes en el uso de memoria y tiempo de ejecución. Ritchie concibió C como una solución a este problema, diseñándolo para **ser al mismo tiempo portable y eficiente**.

Sus punteros de memoria, que tanto han sido criticados, fueron esenciales para garantizar la portabilidad. Aunque su gestión podía llegar a ser complicada, permitían acceder a la memoria de la máquina donde se ejecutara nuestro código, independientemente de la arquitectura subyacente.

Otra de sus características distintivas fue su implementación nativa del paradigma de programación estructurada, que introducía conceptos como subrutinas, estructuras condicionales (*if* y *while*) y de iteración (bucles *for* y *while*). Estas abstracciones permitieron a los programadores escribir código más legible y mantenible; y **C impulsó de forma decisiva la adopción de la programación estructurada en toda la industria**.

Pero más allá de las cualidades del lenguaje en sí, lo que contribuyó decisivamente a su difusión y modeló por completo la industria informática fue la publicación en 1978 del libro *The C Programming Language*, escrito por el propio Ritchie y su compañero **Brian Kernighan**, autor del primer «Hola Mundo»[1] conocido —en un tutorial sobre el lenguaje B— que replicó en el libro sobre C, lo que lo inmortalizó para siempre.

En una época en la que apenas existía información sobre Informática y la misma se transmitía muchas veces por puro boca-oreja, la obra de Kernighan y Ritchie funcionó como **una suerte de especificación informal y un estándar de facto que cualquiera que quisiera escribir un compilador podía usar**. El manual aún es considerado un modelo de escritura técnica, por su presentación clara, tratamiento conciso y el uso de ejemplos prácticos.

C aún contribuyó más a **democratizar la Informática, iniciando el establecimiento de estándares independientes** de distintas empresas y fabricantes que impidiera la fragmentación de la tecnología. Algo

---

[1]   <https://en.wikipedia.org/wiki/%22Hello,_World!%22_program>.

que hoy parece lógico, pero que en aquel entonces no era en absoluto habitual.

En 1983, la *American National Standards Institute* o ANSI creó un comité para crear una especificación estándar de C. En 1989, se ratificó dicho estándar y en 1990 fue adoptado por la ISO o *International Organization for Standardization*. Desde entonces, las distintas versiones de C se han publicado como un estándar comúnmente aceptado.

Dennis MacAlistair Ritchie falleció el 12 de octubre de 2011 a los setenta años, solo en su casa de New Jersey. Su muerte no tuvo mucho eco en unos medios de comunicación centrados en el deceso de Steve Jobs, que se había producido apenas una semana antes. Paradójicamente, **Ritchie creó algunas tecnologías que fueron clave para el éxito de Jobs**. Al fin y al cabo, MacOS es un nieto de UNIX, de la misma forma que Objective-C es un superconjunto de C.

Ningún otro lenguaje de programación sigue siendo tan usado cincuenta y un años después de su nacimiento, pero es que **C no es un simple lenguaje de programación sino el primer modelo de un auténtico «esperanto digital»**. El primero que, de verdad, permitió desacoplar software y hardware. La Informática no sería la misma sin su contribución y la vida de todos los que nos dedicamos a la misma, tampoco.

7
UN DÍA PARA LA HISTORIA
3 de abril de 2021

TAL DÍA COMO HOY, 3 DE ABRIL, 3 DISPOSITIVOS
CAMBIARON NUESTRA VIDA PARA SIEMPRE

El 3 de abril de 1973 se realizó **la primera llamada desde un teléfono móvil** que, más que una conversación histórica, fue una TROLEADA ÉPICA.

En 1970, AT&T —compañía fundada por Alexander Graham Bell, inventor del teléfono, que se había convertido en un auténtico monopolio en Estados Unidos— había inventado la telefonía celular. Permitía hacer una llamada desde un lugar y continuar la misma mientras te desplazabas, transfiriéndola automáticamente de una celda a otra.

Sin embargo, el avance se consideró «poco relevante» porque el informe que encargaron a una consultora estratégica concluyó que el mercado de la telefonía móvil apenas llegaría a 200.000 unidades en todo el mundo.

Los teléfonos «móviles» de la época eran tan grandes y necesitaban tanta energía para funcionar que AT&T solo contemplaba su uso instalados en un vehículo o arrastrando un pesado maletín, pero Martin Coo-

per —un ingeniero de Motorola— creía factible desarrollar un teléfono móvil que fuera verdaderamente portátil.

El equipo de Martin empezó a trabajar en noviembre de 1972 y —en apenas tres meses— desarrollaron el DynaTAC, un primer prototipo que pesaba 2 kilos, medía 23 centímetros y tenía una batería que permitía hablar durante unos 30 minutos y tardaba 10 horas en recargarse.

El 3 de abril de 1973, Motorola convocó a los medios de comunicación a una rueda de prensa para presentarles el dispositivo y a Cooper se le ocurrió que la mejor manera de explicarles cómo funcionaba era hacerles una demostración en directo.

Bajaron a la calle y Martin marcó el número de Joel Engel —responsable del programa de telefonía móvil en AT&T— su principal rival. Después de saludarse, le dijo: «Te estoy llamando desde un teléfono celular personal y verdaderamente portátil». Al otro lado de la línea, Engel enmudeció. El resto es historia.

Motorola tardó diez años en poder comercializar el teléfono, en 1983, después de invertir más de 100 millones de dólares de la época antes de obtener beneficio alguno.

También el 3 de abril, pero de 1981, se lanzó **el primer ordenador portátil disponible para el gran público de la historia.**

Adam Osborne era un entusiasta de la informática que había vendido su editorial de libros técnicos a McGraw-Hill y quería lanzar un ordenador portátil que rompiera los altos precios habituales en el mercado. Vaya si los rompió.

El Osborne 1 pesaba 11 kg, contaba con una pantalla monocroma de 5 pulgadas, dos disqueteras de 5¼, un módem de 300 baudios, 64KB de RAM y un procesador Zilog Z80 que corría a 4Mhz. Costaba solo 1.795 dólares de la época, alrededor de 5.000 euros de hoy en día.

Además, incluía un paquete de software —sistema operativo, procesador de texto, hoja de cálculo, utilidades para programar en Basic y 2 juegazos como «Adventure» y «Deadline»— que por separado costaba otros 1.500 dólares, creando el concepto de «bundle» de hardware y software que ha sobrevivido hasta nuestros días.

Para comprender el impacto que tuvo en el mercado, solo tenemos que recordar que el primer ordenador portátil de Apple —el Macintosh Portable— se lanzó seis años después, en 1989, con un precio que equivaldría a unos 15.000€ de 2022.

Aunque el plan de negocio actual contemplaba vender 10.000 unidades durante toda la vida comercial del Osborne 1, llegó a vender esa cantidad CADA MES. En un solo año, Osborne Computer Corporation, creció de 2 empleados a 3.000.

Lamentablemente, la compañía se declaró en bancarrota apenas 2 años después. En parte por una serie de malas decisiones empresariales, pero también por lo que se conoció desde entonces como «el Efecto Osborne» o la demanda pospuesta por un anuncio público demasiado prematuro sobre un futuro lanzamiento de un nuevo producto tecnológico con mejores características técnicas.

A principios de 1983, Adam Osborne empezó a enseñar a los periodistas el primer prototipo del Osborne Executive, el sucesor del Osborne 1. Los distribuidores empezaron a cancelar en masa los pedidos del 1 en previsión de la llegada del nuevo Executive. Eso generó un enorme inventario sin vender y, a pesar de los dramáticos recortes de precios (el Osborne 1 se llegó a vender por 1.295 dólares en julio de 1983 y por apenas 995 en agosto).

Las ventas nunca se recuperaron —los pedidos del Executive no alcanzaban ni un 10 por ciento de los de su predecesor—, las pérdidas continuaron aumentando y Osborne Computer Corporation no tuvo más remedio que declararse en bancarrota el 13 de septiembre de 1983.

Finalmente, el 3 de abril de 2010 se puso a la venta **el primer iPad,** llamado así como homenaje al PADD o «Personal Access Display Device», un dispositivo que aparecía en la serie Star Trek y que era muy parecido a lo que acabarían siendo las tablets.

El desarrollo del iPad empezó en 2004 —antes incluso que el del iPhone—, pero Apple decidió priorizar el lanzamiento del teléfono, que llegó al mercado tres años antes, en 2007.

Aunque el iPad no fue ni mucho menos la primera tablet de la historia, sí fue la que convirtió esta tecnología de nicho en todo un fenómeno de masas. Vendió un millón de unidades en su primer mes de vida comercial, exactamente la mitad del tiempo que necesitó Apple para vender el mismo número de iPhones. En un trimestre, ya se vendían más iPads que Macs. Un año después, se habían vendido 15 millones de iPads —más que el resto de tablets juntas— llegando a alcanzar el 81 por ciento de cuota de mercado. Aun hoy en día, 3 de cada 10 tablets son un iPad.

Estos tres dispositivos modelaron nuestra actual cotidianidad hasta un punto que jamás soñaron sus creadores. O sí. Ya en 1983 Steve Jobs declaraba: «Nuestra estrategia es verdaderamente simple. Lo que queremos hacer en Apple es incrustar un ordenador en un libro que puedas llevar contigo y aprender a usar en veinte minutos. Y queremos que disponga de un enlace de radio, para que no tengas que conectarte a nada y estés en comunicación con todas las bases de datos y otros ordenadores».

1983. El mismo año en el que por fin se comercializó el DynaTAC de Motorola y cerraba Osborne Computer Corporation. Otra de esas maravillosas casualidades que conectan a **tres dispositivos que cambiaron nuestra vida para siempre**.

8
EL ALGORITMO QUE CAMBIÓ EL MUNDO
13 de febrero de 2022

LA HISTORIA DE LA FÓRMULA MATEMÁTICA QUE CONSIGUIÓ ELIMINAR
LA DISTANCIA ENTRE NOSOTROS Y NUESTROS SERES QUERIDOS

Si te dieras una vuelta por el municipio de Yerba Buena, en la provincia argentina de Tucumán, podrías encontrarte a Quelita y Nasir tomando unos panqueques en Pali —en el cruce de la calle Santo Domingo con Mariano Montero— o haciendo la compra en el centro comercial de la Avenida de Aconquija. Los dos podrían parecer otra entrañable pareja de retirados, enamorados y juntos después de cincuenta y seis años, pero no lo son.

A mediados de los setenta, **Nasir Ahmed lideró el equipo de investigación que desarrolló el algoritmo en el que se basan los principales métodos de comprensión de imagen y vídeo** —como JPEG, MPEG o MP3— que nos permiten disfrutar de videollamadas y servicios de vídeo bajo demanda como Netflix.

En 1961, Nasir —un Ingeniero Industrial de Bangalore— viajó desde su India natal hasta Estados Unidos para cursar sus estudios de doctorado en la Universidad de Nuevo México, que le llevaron a descubrir la trans-

formada de coseno discreta[1]. También allí conoció a la que se convirtió en su mujer, la argentina Esther «Queli» Pariente, que estaba terminando su doctorado en Literatura y se convirtió en un apoyo fundamental para Nasir.

Especialmente cuando, ya trabajando como profesor en la Universidad de Kansas, la National Science Foundation —agencia gubernamental que subvenciona el 20 por ciento de todo el I+D impulsado en las universidades de Estados Unidos, aunque más de un *entrepreneur* crea que la innovación proviene solo de la iniciativa privada— se negó a financiar su investigación, por considerarla «demasiado simple».

Nasir tenía la certeza de que estaba a punto de descubrir algo grande y Queli se encargó de que la familia sobreviviera durante los tres meses en los que su marido siguió investigando por libre, sin recibir ningún salario a cambio. Los resultados que obtuvo durante esos meses demostraban, sin ningún género de dudas, que **su algoritmo era el más eficiente para la comprensión de imágenes**; y, ante la relevancia de los mismos, su colega Harry Andrews de la Universidad de Southern California le recomendó que los publicara inmediatamente[2]. El resto es historia.

---

[1]   <https://en.wikipedia.org/wiki/Discrete_cosine_transform>.

[2]   <https://www.ic.tu-berlin.de/fileadmin/fg121/Source-Coding_WS12/selected-readings/Ahmed_et_al.__1974.pdf>.

Nasir **no obtuvo ningún rédito económico por su descubrimiento** —en 1974, universidad y empresa eran dos mundos completamente separados— pero nunca le importó. Según él, lo más bonito de su carrera ha sido poder ver hasta qué punto ha impactado su invento en la vida de la gente corriente.

Precisamente ese impacto fue lo que intentó reflejar Dan Fogelman, director y guionista de la serie «This Is Us», en el octavo capítulo de la quinta temporada, en el que se plasma cómo afectó el COVID-19 a nuestras relaciones personales y cómo el invento de Nasir nos ayudó a superarlo, incluyendo la historia detrás del mismo. La historia de Nasir y Quelita.

Y no deja de ser paradójico que su propio invento nos permita conocer esa historia en este mismo instante, puesto que el capítulo está disponible en un servicio de vídeo bajo demanda[3].

En medio del encierro pandémico, el realizador y publicista argentino Gastón Bigio vio el capítulo y le fascinó la historia hasta el punto de buscar en la red más información sobre la vida de Ahmed. Pronto se dio cuenta de que **no había ningún vídeo *online* del hombre que hizo posible la videollamada y la transmisión de fotos y vídeos por Internet**. Nada. Pero tuvo el presentimiento de que, quizás, Queli y Nasir podían residir en Argentina. Estaba en lo cierto.

Después de decenas de llamadas y correos electrónicos, consiguió localizarlos en Yerba Buena y recorrió los 1.200 kilómetros que hay desde Buenos Aires para ir a conocerlos. Allí les entrevistó en la sala de estar de su casa, donde estaban encerrados, como los miles de millones de personas que, durante la pandemia, usaron sin saberlo el algoritmo que Nasir creó.

El 4 de enero, se publicó la entrevista en YouTube[4]. Una vez más, un servicio que puede que nunca hubiera existido sin la transformada de coseno discreto. Era la primera vez que la adorable pareja contaba cómo se descubrió el algoritmo que transformó el mundo.

---

[3] <https://www.primevideo.com/detail/0JTEW6DRI2Y9OU5KLZB5Z5903F/ref=atv_dp_btf_el_prime_sd_tv_resume_t1ACAAAAAowgo?autoplay=0>.

[4] <https://www.youtube.com/watch?v=nNmREQIF4Ik>.

Si hoy tenemos una hora libre, se me ocurren pocas cosas más interesantes en las que invertirla que ver con nuestra familia ese capítulo de «This is Us» —no importa si no has visto nada más de la serie— y la entrevista de Gastón, apenas suman 58 minutos entre los dos.

Y no por aprender la historia de la transformada de coseno discreta, sino la de Nasir y Queli; y las lecciones que podemos extraer de la misma. Por ejemplo, que lo que más emociona a un hombre de ochenta y dos años no son los bienes que ha acumulado sino su legado. También que, **quizás, el secreto para que una pareja siga enamorada después de cincuenta y seis años es la mutua admiración y respeto.**

9
EL CUBO DE ERNÖ
19 de mayo de 2024

Hace cincuenta años exactamente, en 1974, Ernő tuvo una idea para **enseñar a «pensar» en tres dimensiones** a sus estudiantes de arquitectura de la Universidad de Artes Aplicadas de Budapest.

Se le ocurrió diseñar un cubo que permitiera mover partes del mismo sin tener que desmontarlo. Construyó un primer prototipo con gomas elásticas y madera, que pintó con diferentes colores para que el movimiento espacial de las partes —pequeños cubos, que componían el cubo principal como una matriz de 3 x 3 x 3— fuera más evidente.

Al probar su prototipo, Ernő se dio cuenta de que, tras un par de giros, los colores de los pequeños cubos se desordenaban y no era evidente cómo volver a ordenarlos para que todas las caras del cubo mostraran un solo color. De hecho no era NADA evidente.

Después de un mes de pruebas y errores, el profesor dio con una solución. La sensación de satisfacción que experimentó fue tan grande que llegó a la conclusión de que su cubo tenía potencial para convertirse no solo en una herramienta didáctica sino en un rompecabezas para todos los públicos.

Ernő dedicó una cantidad ingente de horas a mejorar su diseño original, para que el mecanismo permitiera un movimiento más estable de las piezas y, finalmente, en 1975 patentó su «Cubo Mágico» o *Bűvös Kocka* en húngaro.

Al principio, el cubo no suscitó demasiado interés. Hasta 1977, Ernő no consiguió que una pequeña empresa llamada Politechnika hiciera una producción limitada, que fue distribuida principalmente en tiendas de juguetes húngaras. Todo cambiaría en 1979, cuando el empresario estadounidense Tom Kremer conoció el cubo en una feria de juguetes en Núremberg y decidió ayudar a Ernő a comercializarlo internacionalmente. Lo de «Cubo Mágico» no le acababa de convencer, así que, decidió relanzarlo usando el apellido de Ernő, su creador. Entre 1980 y 1982 se vendieron más de 100 millones de unidades del Cubo de Rubik en todo el mundo. El resto es historia.

En estos cincuenta años, el cubo se ha convertido en un icono de la cultura popular. Sin embargo, en general sigue sin entenderse cómo funciona el cubo y cómo puede resolverse.

Precisamente ese desconocimiento ha facilitado que se extienda el **falso mito que relaciona la capacidad de resolver el cubo de Rubik con mayor o menor rapidez, con la mayor o menor inteligencia de una persona.**

Es fascinante ver a un _speedcuber_[1] resolver el cubo en pocos segundos, pero esa capacidad tiene más que ver con su fuerza de voluntad y constancia que con su coeficiente intelectual. En realidad, cualquiera puede hacerlo, solo es necesario aprender una serie de algoritmos —desde el sencillo Método «capa a capa»[2], que suelen usar los principiantes, al CFOP[3]. Más rápido, pero que exige memorizar alrededor de 78 algoritmos— y practicar su uso.

Porque **eso es el cubo. Un divertido campo de pruebas** para encontrar la lógica más eficiente en llegar a la única solución correcta... y practicar para implementarla lo más rápidamente posible. La mejor marca de Ernő es de alrededor de un minuto. En el primer campeonato mundial de _speedcubing_, celebrado en 1982, Minh Thai lo resolvió en 22,95 segundos. En 2023, Max Park consiguió hacerlo en 3 segundos y 13 milésimas ¿Es Park veinte veces más inteligente que Rubik o siete veces más que Thai? Evidentemente, no.

No, no hay que ser un pequeño Einstein para resolver el cubo de Rubik ni nos vamos a volver «más inteligentes» por jugar con él, pero sí puede ayudarnos a practicar algunas capacidades cognitivas específicas como la memoria, la identificación de patrones y la percepción espacial. Ayudarnos a encontrar nuestros supuestos límites y superarlos.

Eso representa para mí el cubo de Rubik. Cada vez que me lo encuentro por casa, en vez de un simple juguete de los años ochenta, lo que veo es un recordatorio de que **con la estrategia adecuada y suficiente constancia podemos superar retos aparentemente imposibles**. Aunque el único colectivo al que pertenezcamos sea el de Medias Capacidades. Aunque «solo» seamos personas normales.

Como dice Ernő Rubik —que, a sus setenta y nueve años, no para de hacer cosas—: «si eres suficientemente curioso, no dejarás de encontrar puzzles alrededor tuyo. Y, si tienes suficiente determinación, los resolverás».

---

[1]   <https://www.netflix.com/title/81092143>.

[2]   <https://www.youtube.com/watch?v=2zErPmd6mIg>.

[3]   <https://www.youtube.com/watch?v=2zErPmd6mIg>.

10
LA HOJA DE CÁLCULO QUE LO CAMBIÓ TODO
26 de enero de 2020

«¡Maldita sea!». El catedrático no pudo evitar exteriorizar su frustración mientras borraba de la pizarra —con violencia y levantando una nube de tiza— la tabla repleta de números en los que había descubierto un error de cálculo por tercera vez.

Entre los alumnos del MBA de la Harvard Business School que observaban anonadados la titánica lucha entre su profesor y el encerado se encontraba **Dan Bricklin,** un ingeniero del MIT que había trabajado previamente como programador y que tuvo la idea de crear una especie de «pizarra electrónica» con la que conseguir que la construcción de modelos financieros fuera mucho más sencilla y rápida. En pleno otoño de 1978 **había nacido VisiCalc —la primera hoja de cálculo tal y como hoy la conocemos—** y la informática estaba a punto de cambiar para siempre.

Algunos programadores conocen el legado de VisiCalc en el diseño y desarrollo de software, pero pocos saben hasta qué punto **modeló el hardware de los ordenadores personales que usamos hoy en día.** Si hoy estás leyendo este texto desde un iPhone, un iPad o un Mac es en gran parte posible gracias a un software creado en Boston hace cuarenta y dos años.

La primera versión de VisiCalc apenas ocupaba 27,52 KB y soportaba un máximo de 5 columnas y 20 filas. Estrictamente hablando, no fue la primera hoja de cálculo de la historia, pero sí **la primera en introducir una serie de conceptos que han sobrevivido hasta nuestros días, como la interactividad visual**. Cuando cambiabas un valor en una celda podías ver cómo cambiaba automáticamente el valor de otras celdas que contuvieran fórmulas que referenciaban a la primera. También, **una interfaz de usuario que sentó las bases de todo lo que vino después y que, en esencia, sigue vigente**. Por ejemplo, la fórmula que en Excel se expresa como =SUM(A1:A7), en VisiCalc se escribía @SUM(A1...A7).

Pero, sobre todo, **fue la primera hoja de cálculo para ordenadores personales** que, en 1978, eran tan solo un pequeño nicho en la industria informática. Tan pequeño como para que el líder del mercado, IBM, lo ignorara y despreciara. Hasta ese momento, las aplicaciones de gestión se circunscribían a los grandes *mainframes* y los ordenadores personales se consideraban poco más que simples «juguetes» para aficionados a la computación. VisiCalc cambió esa percepción y se convirtió en el primer software de «productividad personal» disponible para el gran público. Nadie sabe cómo habría sido la evolución de la informática personal sin el impulso de VisiCalc.

Las empresas comprendieron el gran potencial de las hojas de cálculo y, en poco tiempo, VisiCalc se convirtió en un inaudito éxito de ventas. Salió a la venta a un precio de 100 dólares de la época —unos 350 euros actualmente, ajustando la inflación— y se convirtió en la primera *killer app* de la historia, vendiendo **más de 1 millón de copias**.

Aunque luego fue portado a otros sistemas como el Commodore PET o el Atari 800, durante doce meses solo estuvo disponible para el **Apple II** —una máquina que costaba 2.000 dólares, 7.000 euros hoy en día— convirtiéndose en su mayor palanca de venta. Tal fue la influencia de Visi-Calc en la historia de Apple y su posterior éxito que, en una entrevista en 1990[1], **Steve Jobs** afirmó que si la hoja de cálculo hubiera salido para otro sistema no estarían entrevistándolo a él sino a otra persona. Más del 25 por ciento de las ventas de Apple II en 1979 se vincularon directamente a VisiCalc y, en una entrevista publicada en Byte en 1985[2], **Steve Wozniak** reconoció que —al contrario de lo que él y Jobs habían previsto— fueron las pequeñas y medianas empresas, no los aficionados, las que compraron el 90 por ciento de los Apple II. Nadie sabe lo que habría sido de la compañía de Cupertino sin el impulso de VisiCalc.

Pero a pesar de su enorme influencia en la industria, la mayor lección que podemos aprender de la historia de VisiCalc no la encontraremos en su fulgurante éxito sino en su estrepitoso fracaso. Porque, **apenas siete años años después de su nacimiento, VisiCalc desapareció en 1985**.

La mayoría de las fuentes, incluyendo la Wikipedia[3], afirman que el principal motivo del declive de VisiCalc fue la aparición de Lotus 1-2-3 en 1983. Al contrario que VisiCalc, que se había limitado a hacer un port exacto de Apple II, Lotus 1-2-3 aprovechaba la memoria expandida del PC y añadía muchas más funcionalidades. Sin embargo, **asumir que Visi-Calc murió por no poder competir contra un software superior es quedarse en la parte más superficial de la historia**. Una historia que es

[1]   <http://openvault.wgbh.org/catalog/V_AD9E0BC353BF435E83F28DEF165D4F40>.
[2]   <https://archive.org/details/BYTE_Vol_10-01_1985-01_Through_The_Hourglass/page/n167/mode/2up>.
[3]   <https://en.wikipedia.org/wiki/VisiCalc>.

verdaderamente interesante y que, cuarenta y dos años después, todavía puede sorprendernos.

Porque Lotus fue fundada por **Mitch Kapor**, que trabajaba como Product Manager en VisiCorp. VisiCorp fue la compañía fundada por Daniel Fylstra que financió el desarrollo de VisiCalc por parte de Software Arts —la empresa fundada por Dan Bricklin y Bob Frankston para desarrollar el software— y lo comercializó.

Kapor ofreció Lotus a VisiCorp, que rechazó el software por encontrar su funcionalidad «muy limitada». VisiCorp y Sofware Arts se enzarzaron en disputas legales porque la segunda quería más del 37,5 por ciento de las ventas que la primera le pagaba en concepto de royalties. Al no conseguirlo, decidió vender directamente VisiCalc por 99 dólares cuando en ese momento —1984— se vendía por 200 dólares en las tiendas, que lo adquirían a VisiCorp por 120. La consecuencia fue que dejaron de vender VisiCalc de forma inmediata y se lanzaron en brazos de Lotus, lo que provocó la caída tanto de VisiCorp como de Software Arts. Una caída tan inesperada y poco documentada que parece la versión digital del colapso de la civilización egipcia.

Sin embargo, buscando información sobre la historia de VisiCalc descubrí <u>veinte páginas escondidas en los archivos del Museo de Historia de la Computación</u>[4] en las que por primera vez, después de décadas de silencio, Daniel Fylstra contaba su versión de la historia. Esas veinte páginas y los hechos que contienen **deberían ser de obligado estudio en cualquier programa universitario de Informática** que se precie de serlo. Esta Bonilista solo es una humilde introducción a las mismas, para darles cierto contexto.

Si, como decía Jorge Agustín Nicolás Ruiz de Santayana, «quien olvida su historia está condenado a repetirla», todos los que nos dedicamos a desarrollar y comercializar productos y servicios digitales deberíamos conocer la historia de VisiCalc. Cuarenta y dos años después, la mayoría de los técnicos siguen creyendo que el *marketing* y las ventas no tienen

---

[4]   <https://archive.computerhistory.org/resources/access/text/2017/06/102738286-05-01-acc.pdf>.

nada que ver con su trabajo y los especialistas en *marketing* y ventas no creen que deban tener conocimientos técnicos para desarrollar su trabajo, así que parece evidente que no lo hemos hecho.

AÑOS 80

11
SINCLAIR
19 de septiembre de 2021

El pasado jueves, Clive Sinclair murió a los ochentaiún años después de luchar durante más de una década contra el cáncer, rodeado de sus hijos y nietos. En el Reino Unido es considerado un héroe nacional. En 1983 recibió el título de Sir y —a pesar de no haber ido nunca a la universidad— fue investido como doctor *honoris causa* en las de Bath, Heriot-Watt, Warwick y el Imperial College de Londres.

Cualquiera de sus múltiples logros —desde la invención de la primera calculadora de bolsillo[1] al diseño de la bicicleta plegable más ligera del mundo[2], pasando por la comercialización de uno de los primeros vehículos eléctricos[3]— le hubieran hecho justo merecedor de tales distinciones, pero su mayor éxito fue el ZX Spectrum, el ordenador personal con el que **Sinclair contribuyó a democratizar la Informática**.

Su precio de salida en 1982 era de 125 libras, que —sumando la inflación— hoy equivaldrían a unos 525 euros. No parece muy impresionante en una época en la que podemos comprar un portátil de gama

---

[1] <https://en.wikipedia.org/wiki/Sinclair_Executive>.
[2] <https://en.wikipedia.org/wiki/A-bike>.
[3] <https://en.wikipedia.org/wiki/Sinclair_C5>.

baja por el mismo dinero, pero en aquel entonces la informática personal no era —ni mucho menos— un mercado de masas, sino un nicho muy reducido.

Para entender el impacto que el Spectrum supuso en la electrónica de consumo debemos recordar que el IBM PC —que salió un año antes— costaba 1.565 dólares (alrededor de 4.000 euros en 2021) y el Apple IIe se empezó a vender en 1983 a partir de 1.395 (3.268 euros en la actualidad), SEIS VECES más que la máquina de Sinclair.

Se vendieron más de 5 millones de Spectrums —sin contar sus múltiples clones— hasta que el modelo fue definitivamente descontinuado en 1992, diez años después de su lanzamiento. Pero más allá de las frías cifras de ventas, el Spectrum **generó una Comunidad y un ecosistema —publicaciones, compañías de software, diseñadores de periféricos— como jamás se había visto hasta entonces**. Una Comunidad que se considera el verdadero germen de la poderosa industria informática británica y que ha extendido su impacto hasta nuestros días.

El ZX Spectrum alumbró toda una generación de desarrolladores, cariñosamente llamados _bedroom coders_[4] —programadores de dormito-

---

4   <https://wireframe.raspberrypi.org/articles/turbulent-history-of-british-game-development>.

rio— porque, literalmente, eran chavalas y chavales que se dedicaban a programar en sus habitaciones. Sinclair ayudó a llevar la informática al hogar y desarrolladores de la talla de <u>Alan Cox</u>[5] o <u>Elon Musk</u>[6] dieron sus primeros pasos en la programación con su máquina.

También facilitó la popularización de los videojuegos. No solo porque *piratear* cualquier título fuera extremadamente sencillo, sino porque el software original era muy asequible. En comparación con los cartuchos de consola, <u>los juegos de Spectrum costaban hasta veinte veces menos</u>[7]. Esa exposición al ocio electrónico despertó vocaciones. De hecho, un buen número de prestigiosos diseñadores de videojuegos iniciaron sus carreras programando para el ZX Spectrum. Por ejemplo, el fundador de Shiny Entertainment —<u>David Perry</u>[8]— o <u>los hermanos Stamper</u>[9], fundadores de Rare.

Sus detractores criticaban su teclado, más parecido al de una calculadora que a lo que se esperaba de un ordenador. Pero **Clive Sinclair tenía muy claro que el ZX Spectrum debía ser lo más barato posible**, así que casi todos los componentes se diseñaron desde cero para ahorrar costes. Por eso, en lugar de montar un teclado convencional con cientos de partes móviles, se utilizó un teclado de goma con solo cuatro o cinco partes. El teclado de una máquina *revolucionaria*: el primer ordenador verdaderamente diseñado para las masas.

Casi cuarenta años después del lanzamiento del ZX Spectrum, **la Informática está transformando nuestra sociedad, pero desde nuestra posición de privilegio parece que hemos dejado de considerar una prioridad asegurar el acceso a la misma,** lo que puede perpetuar el analfabetismo digital —y la existencia de *ciudadanos de segunda*— en plena Era del Software.

5   <https://en.wikipedia.org/wiki/Alan_Cox>.

6   <https://twitter.com/elonmusk/status/1438623391645372420>.

7   <https://i.blogs.es/5cc57f/8bitload-mm1e32-febrero-1988-16/1366_2000.png>.

8   <https://en.wikipedia.org/wiki/David_Perry_(game_developer)>.

9   <https://en.wikipedia.org/wiki/Stamper_brothers>.

Hemos normalizado pagar 1.000 euros por un portátil de gama media, un coste inaccesible para la inmensa mayoría de la población en los países en vía de desarrollo. Pero no hace falta mirar tan lejos para darnos cuenta hasta qué punto **la falta de acceso a la Informática puede generar desigualdades que se perpetúen en el tiempo**. Durante el confinamiento contra el COVID-19, nuestros hijos pasaron de un día para otro a recibir sus clases en casa a través de Internet, pero ¿estamos seguros de que los niños que no disponían de ordenador en casa[10] —o solo tenían uno que debían compartir con sus hermanos— recibieron su educación obligatoria con unas condiciones mínimas?

Hoy, el principal heredero espiritual del ZX Spectrum es la Raspberry Pi11[11], que permite disponer de un ordenador completo con todos sus periféricos por menos de 100 euros. Puede que sea una casualidad que también sea tecnología británica; o puede que la concepción de «servicio público» de la televisión estatal —la BBC— como algo más allá de los programas de cocina y los vehículos para el lucimiento de nuestros políticos, tenga algo que ver.

Uno de los competidores del Spectrum fue el BBC Micro[12], un ordenador producido por la BBC como parte de una estrategia para evangelizar la informática entre la población británica, que incluía programas divulgativos[13] que mostraban las posibilidades de la máquina y enseñaban a utilizarla.

En 2012, treinta años después del lanzamiento del BBC Micro, la BBC decidió lanzar el **micro:bit**, un nuevo microordenador para **alentar a los niños a escribir software en vez de limitarse a consumirlo**. ¿Qué pasaría si le diéramos un ordenador gratis a todos los niños de 12-11

---

[10] <https://cotec.es/noticia/el-impacto-de-la-escuela-en-casa-en-las-brechas/832831a8-38ab-476e-8833-9c2083b89354>.

[11] <https://es.wikipedia.org/wiki/Raspberry_Pi>.

[12] <https://en.wikipedia.org/wiki/BBC_Micro>.

[13] <https://www.youtube.com/watch?v=OFUHjDhTIJg>.

años[14] y RTVE emitiera un programa sobre cómo utilizarlo que fuera tan popular como Masterchef Junior?

Quizás mañana deberíamos pensar en todo esto, pero hoy no. Hoy deberíamos homenajear a nuestro camarada echando una partidita al Knight Lore[15] o viendo Micro Men[16], la entretenida película que produjo la BBC en 2009 sobre el auge de la microinformática y la pelea entre Sinclair y Chris Curry —fundador de Acorn— por hacerse con el contrato del BBC Micro.

Gracias por todo, sir Clive.

---

[14]   <https://en.wikipedia.org/wiki/Micro_Bit#History>.
[15]   <https://jsspeccy.zxdemo.org/>.
[16]   https://www.youtube.com/watch?v=XXBxV6-zamM>.

12
LA HISTORIA DE SUN MICROSYSTEMS, 1.ª PARTE:
NETWORK IS THE COMPUTER
4 de febrero de 2018

«Next slide, please». Mientras contemplaba a **Larry Ellison** gustarse en el escenario del Moscone Center, no podía evitar tener la sensación de ser testigo del fin de una época.

Hace apenas un año, en ese mismo lugar, el abuelo **James Gosling**, uno de los padres de JAVA, lanzaba camisetas al enfervorecido público ayudado por un tirachinas gigante. Quince meses después, el CEO de Oracle —un tipo que prefería que un esbirro le pasara las diapositivas antes que hacerlo él mismo con un mando— nos hablaba del *brillante futuro* de nuestro lenguaje de programación favorito con la misma pasión que un lenguado. Sun Microsystems había muerto. «Next slide, please».

Sun ha sido una de las pocas compañías que realmente ha transformado la industria del software. Una revolución que solo fue posible gracias a la osadía cercana a la locura de algunos de sus técnicos. Esta es su historia.

En **1982, Andy Bechtolsheim, William Joy, Vinod Khosla y Scott McNealy** fundaron Sun con el objetivo de construir «estaciones de trabajo» —*workstations*— ordenadores personales de alto rendimiento y precio comedido, gestionadas con UNIX. El <u>business plan original</u>[1] escrito por Khosla, primer CEO de la compañía, sigue siendo una joya.

En **1984**, Khosla dejó la compañía para convertirse en inversor de capital riesgo. McNealy toma el relevo. John Gage —el quinto empleado de Sun— acuña la frase **Network is the computer**, que se convierte en un mantra de la empresa, veinticinco años antes de que se empiece a hablar siquiera del concepto de *cloud*.

En **1986**, la compañía salió a bolsa con éxito y se extiende por Europa, Asia y Oceanía. Ese mismo año cierra un acuerdo con la Agencia Nacional de Seguridad para venderle equipos por valor de 500 millones de dólares.

En **1989** lanzan la Sun SparcStation 1, la primera estación de trabajo basada en procesadores con arquitectura SPARC —una especificación que ellos mismos desarrollaron y que, al contrario de la arquitectura x86, era completamente abierta y cualquier fabricante podía implementar— pero eso solo fue posible gracias a que... Bechtolsheim se rebeló.

---

[1]   <https://www.khoslaventures.com/wp-content/uploads/SunMicrosystem_bus_plan.pdf>.

El Vicepresidente de Ingeniería pensaba que los procesadores SPARC eran perfectos para grandes servidores, pero era muy arriesgado usarlos en estaciones de trabajo de gama media. Bechtolsheim pensaba todo lo contrario —que la mejor relación coste/rendimiento se conseguiría con el chip más rápido— y, como no le dejaron seguir adelante con el proyecto, abandonó la compañía que él mismo había fundado para crear su propia *startup* y poder hacerlo realidad. ¿Adivináis qué inversor financió la nueva empresa? Su antiguo CEO, Vinod Khosla.

Pero Khosla y Bechtolsheim no querían dañar a Sun, sino salvarla de sí misma. Reconocieron que básicamente estaban copiando su tecnología y avisaron a su Consejo que lo harían con o sin su consentimiento, pero también que les permitirían comprar la nueva compañía a precio de coste, por la misma cantidad que habían invertido en ella. Sun compró la startup y Bechtolsheim volvió a casa por la puerta grande, como un hijo pródigo. La Sun SparcStation 1 —el origen y el resultado de toda esta telenovela— fue la estación de trabajo más vendida de la historia de Sun.

En **1990, Patrick Naughton** —un ingeniero de veinticinco años que apenas llevaba tres años en la compañía— decide aceptar una oferta de NeXT —la nueva startup de Steve Jobs— frustrado por los politiqueos y los complejos procesos propios de una empresa cotizada en bolsa, que habían ralentizado el desarrollo de nuevos productos y transformado a Sun en un *dinosaurio*.

Naughton solía jugar al hockey con Scott McNealy y otros empleados varios días a la semana y, por eso, no pudo evitar sentir que con su marcha les estaba «traicionando». Así que después de un partidillo, mientras tomaban unas cervezas, decidió comunicarle personalmente a McNealy su decisión.

Ante la imposibilidad de convencerle para que se quedara, el CEO de Sun le pidió un insólito favor, que escribiera un correo con todos los problemas con los que se había encontrado y cómo los solucionaría «si fuera Dios» y pudiera hacer lo que quisiera. Naughton invirtió varias horas en escribir un larguísimo y brutalmente sincero email que envió a la mañana siguiente.

La respuesta de McNealy solo contenía siete palabras: «Aguanta. Me voy a ocupar de esto». Lo que Naughton no sabía es que REALMENTE lo estaba haciendo, reenviando su correo a los principales ejecutivos de la compañía que, a su vez, se lo reenviaron a mandos intermedios que, a su vez, lo reenviaron a algunos de los empleados con más ascendencia en la compañía. La respuesta general fue un «es exactamente lo que pensaba, pero no sabía cómo decirlo». En Sun acababa de desatarse una tormenta.

Una de las sugerencias de Naughton fue crear un entorno de desarrollo sencillo, que simplificara el trabajo con los 108 stacks tecnológicos que coexistían en Sun. Algunos ejecutivos invitaron al joven ingeniero a cenar en un restaurante de Palo Alto, para que les explicara cómo pretendía hacer realidad su idea. Este escribió en la parte trasera de un mantel de papel sus principales demandas: lo desarrollaría un equipo pequeño —tanto como para poder reunirse alrededor de la mesa de un restaurante—, trabajarían en una ubicación física externa —lejos de los «anticuerpos corporativos» que solían atacar cualquier idea innovadora—, el objetivo del proyecto sería secreto y solo lo conocerían algunos altos ejecutivos, los diseños de hardware y software no tendrían que ser retrocompatibles con ninguno de los productos de la compañía y, por último, contarían con un presupuesto de un millón de dólares para gastar el primer año.

Sorprendentemente, Sun accedió a las demandas de Naughton y, en **1991**, el equipo que había formado junto a **James Gosling** y **Mike Sheridan** se mudó a una pequeña oficina encima de una sucursal de Bank of America, en Sand Hill Road. Lo primero que hicieron fue desconectarse de la Intranet de Sun. Para bien o para mal, estaban solos.

El proyecto pasó por muchas vicisitudes, incluyendo la marcha de Naughton en 1994, pero finalmente la primera implementación pública de JAVA vio la luz en **1995**, prometiendo que su código podría ejecutarse en cualquier lado —Write Once, Run Anywhere— y proporcionando entornos de ejecución gratuitos para las principales plataformas.

El hecho de que el diseño de la plataforma permitiera que los permisos de acceso al sistema de ficheros y a las funciones de red del dispositivo donde se ejecutara fueran configurables hizo que los principales navegadores incluyeran la posibilidad de ejecutar pequeños programas JAVA —Applets— dentro de las páginas web, dotando a estas de un dinamismo e interacción jamás vistos antes.

JAVA alcanzó rápidamente una gran popularidad y se convirtió en el «lenguaje para programación de la web», iniciando la época dorada de Sun y, también, provocando su caída... aunque esa es otra historia.

13
JUEGOS DE GUERRA
28 de julio de 2023

HACE CUARENTA AÑOS SE ESTRENÓ LA PELÍCULA QUE MÁS VOCACIONES HA DESPERTADO EN LA HISTORIA DE LA INFORMÁTICA

El 3 de junio de 1983 se estrenaba «Juegos de Guerra» o *War Games*, un largometraje en el que se narra la historia de un joven hacker que —accidentalmente— está a punto de provocar la tercera guerra mundial y cómo consigue evitarlo en el último momento, haciendo que un ordenador llegue a razonar como un ser humano.

Su impacto fue ENORME en varias generaciones, a las que introdujo en conceptos tan avanzados como la Inteligencia Artificial o el *hacking* social, en un mundo que aun descubría la primera versión de Microsoft Word y el lenguaje de programación de C++.

Pero el impacto de «Juegos de Guerra» no está tan relacionado con las tecnologías que revelaba como con el hecho de que, **por primera vez, sugería que la informática podía ser apasionante y tremendamente divertida.**

Los *hackers* de «Juegos de Guerra» no eran nerds atrincherados en el sótano de sus padres y bañados en polvo de Doritos, sino adolescentes de

portada de Súper Pop que descubrían un mundo por explorar y lleno de posibilidades.

La influencia real de la película llegó mucho más allá de lo que pensamos. No solo **hizo pensar al público general sobre la influencia que podían tener en sus vidas decisiones tomadas por ordenadores**, también al presidente Ronald Reagan.

Reagan vio la película en una proyección privada en Camp David el mismo fin de semana que se estrenó y encontró plausible el escenario que esta planteaba. El Presidente no andaba muy desencaminado. Ese mismo año, el incidente del equinoccio de otoño[1] —una falsa alarma de un satélite soviético que avisaba del supuesto lanzamiento de un misil balístico intercontinental— fue lo más cerca que la humanidad ha estado de sufrir una guerra termonuclear.

Dieciocho meses después del estreno —y que su guion fuera estudiado por miembros del Congreso, sus consejeros y la Junta de Jefes de Estado Mayor— se promulgó la NSDD-145[2], la primera Directiva Presidencial sobre seguridad informática.

---

[1]   <https://mailchi.mp/bonillaware/Reagan no se equivocaba. El mismo an%C-C%83o que se estreno%CC%81 la peli%CC%81cula>.

[2]   <https://irp.fas.org/offdocs/nsdd145.htm>.

El filme también llamó la atención de los medios de comunicación, que empezaron a debatir sobre la posibilidad de que algo así pudiera pasar en la realidad. Esa atención mediática impulsó la creación de la primera legislación federal sobre ciberseguridad, la _Computer Fraud and Abuse Act_[3], un año después.

Cuarenta años después, «Juegos de Guerra» sigue plenamente vigente, no porque tecnológicamente no haya quedado obsoleto —que también— sino porque **sigue siendo un excelente recordatorio de que los informáticos disfrutamos de uno de los trabajos más apasionantes y creativos del mundo**.

Nos pagan por resolver los puzles más emocionantes del mundo: problemas reales cuya solución tiene un impacto directo en la vida de otras personas. Y lo hacemos en el mayor campo de juego que un ser humano puede disfrutar: nuestro cerebro.

En mi perfil de LinkedIn[4] tengo como cabecera una frase de Joshua, el superordenador de «Juegos de Guerra», para no olvidar nunca que un trabajo podrá ser más o menos duro, tendrá momentos mejores o peores, pero que **—siendo desarrolladores en 2023— sería profundamente estúpido permanecer un solo día más en un sitio donde no nos divirtamos**.

---

3   <https://en.wikipedia.org/wiki/Computer_Fraud_and_Abuse_Act>.

4   <https://www.linkedin.com/in/dbonillaf/>.

14
LAS STEVENOTES
20 de noviembre de 2022

EL TRABAJO —Y LA ESTRATEGIA— DETRÁS DE
LAS PRESENTACIONES DE STEVE JOBS

Una *keynote* es la charla con la que se abre una conferencia y suele emplearse para definir el contexto y su tono. Steve Jobs, además, consiguió convertirlas en todo un acontecimiento y en un verdadero activo para su compañía.

Desgraciadamente, el cofundador de Apple falleció en 2011. Así que, para honrar el lema de la Tarugoconf —«todo es posible»—y conseguir que diera la *keynote* del evento, le pedí a **Joaquín Reyes** que me ayudara a «resucitar» a Jobs[1].

Para convencerlo, preparé una primera versión del guion y de las diapositivas que tendría que defender, lo que me llevó a estudiar las presentaciones de Jobs —conocidas como «Stevenotes»— para copiar su diseño y estructura.

---

[1]   \<https://twitter.com/leodmurillo/status/1583786147612102657\>.

La primera Stevenote se fecha el 30 de enero de 1984, cuando presentó el Macintosh. Ahora puede parecer normal, pero para entender la revolución que supuso solo tenemos que comprobar <u>cómo presentó Hewlett-Packard el HP-150</u>[2] a finales de 1983. Apenas dos meses después de esa intervención gris y anodina, Steve se cascó <u>este pedazo de presentación</u>[3], llena de emoción, humor y golpes de efecto. ¡La informática podía ser divertida!

Se pueden extraer **un montón de buenas prácticas y patrones de éxito de las Stevenotes que podemos aplicar directamente a nuestras presentaciones**.

Empezando por asumir que da igual si vamos a presentar un nuevo y excitante producto tecnológico o los datos de ventas del tercer trimestre: **si queremos atraer la atención de nuestra audiencia debemos contar una historia**. Establecer un tema y desarrollarlo en un hilo argumental con su trama, nudo y desenlace.

Jobs empleaba mucho más tiempo escribiendo el guion de sus presentaciones que en el diseño de las diapositivas. Lo importante no era solo lo que quería contar sino cómo lo quería contar para que interesara a la gente. Las diapositivas solo eran un apoyo a la narrativa.

---

[2]   <https://youtu.be/VrlY-aPOW7E?t=924>.

[3]   <https://www.youtube.com/watch?v=1tQ5XwvjPmA>.

Y los mejores narradores se caracterizan por **presentar con pasión y empleando el humor**. Nunca repetiré lo suficiente que lo contrario de serio no es divertido, sino frívolo. Y lo contrario de divertido, es aburrido. Steve Jobs era extremadamente serio y exigente al preparar una presentación, pero jamás fue aburrido.

Esa es, quizás, la mayor lección que podemos extraer de las Stevenotes: preparar (bien) una presentación requiere (mucho) tiempo; y toda nuestra organización debe **asumir que preparar una presentación no es una pérdida de tiempo sino una inversión**.

Algunas personas que trabajaron con el californiano aseguran que llegaba a practicar sus charlas hasta doscientas veces sin descuidar ningún detalle, incluido el lenguaje corporal. Que intentaba que la mayoría de esos ensayos se ejecutaran en el mismo escenario y en las mismas condiciones en las que se produciría la presentación. Hasta se ponía la misma ropa que usaría ese día. Cientos de horas de trabajo para que, cuando llegara el momento, todo pareciera improvisado.

Sin embargo, casi cuarenta años después de la primera Stevenote y tras comprobar la efectividad de las mismas como herramientas de marketing y comunicación, **la mayoría de los directivos apenas invierten tiempo en preparar sus presentaciones públicas**. Ni cientos de horas ni una decena.

Tenemos *online* la inmensa mayoría de las Stevenotes, pero dos de las más icónicas son aquella <u>en la que presentó el iPhone en 2007</u>[4] y <u>la última que dio antes de fallecer</u>[5] —en 2011, cuando su salud ya estaba muy deteriorada— presentando la WWDC, una conferencia técnica.

La presentación que diseñé para la Tarugoconf es una mezcla de ambas. Podéis comprobar <u>el impacto de «una Stevenote» en pleno 2022</u>[6], pero para montar la vuestra **no necesitaréis a Joaquín Reyes, solo una buena historia que contar**.

---

[4]   <https://www.youtube.com/watch?v=G8d7E26WLsY&t=138s>.
[5]   <https://www.youtube.com/watch?v=zHZf9wr2Ak8&t=80s>.
[6]   <https://www.tarugoconf.com/blog/tarugo22-steve-jobs/>.

15
EL JUEGO DE ALEXEY
17 de mayo de 2020

Puede que para un mundo que acaba de conocer el primer Macintosh y el CD-ROM, el ordenador <u>Electronika 60</u>[1] fuera una antigualla, pero en la Unión Soviética de 1984 era tecnología puntera y un recurso muy escaso. De esos a los que solo puedes acceder si perteneces a la Academia de Ciencias Soviética.

Alexey Pajitnov llevaba cinco años allí empleado como investigador en un programa de reconocimiento de voz, pero solía quedarse varias horas después de terminar su jornada laboral, trabajando en su verdadera pasión: el desarrollo de videojuegos.

Desarrolló varios juegos, y ese 1984 se le ocurrió que sería divertido uno que consistiera en encajar <u>pentaminós</u>[2] —uno de los puzzles favoritos de su infancia— para ir formando filas. Alexey enseguida se dio cuenta de que gestionar los 12 pentaminós era muy complicado y en su lugar decidió utilizar tetrominós —compuestos por cuatro cuadrados en vez de cinco, con los que podía conformar 7 piezas diferentes— e ir borrando las líneas que se iban formando para que no se llenara tan

---

[1]   <https://en.wikipedia.org/wiki/Electronika_60>.
[2]   <https://aprendiendomatematicas.com/pentominos-con-plantillas/>.

rápido la pantalla. Acababa de nacer el «Tetris», una composición de tetrominó y tenis, su deporte favorito.

Alexey sabía que había creado algo grande porque no podía dejar de jugar, así que decidió enseñar su creación a sus colegas de la Academia de Ciencias. En pocas semanas, disquete a disquete, copia a copia, Tetris se jugaba en todas las instituciones públicas de Moscú que disponían de un ordenador.

En 1986 el juego se había extendido por toda la Unión Soviética y otros países detrás del Telón de Acero como Hungría. Precisamente allí, en el Instituto de Ciencias de la Computación de Budapest, **Robert Stein** —un hombre de negocios británico de origen húngaro— vio a un estudiante jugando al Tetris y se dio cuenta de que había encontrado una mina de oro y movió cielo y tierra para contactar con Pajitnov, hacerse con los derechos del juego y distribuirlo por todo el mundo. Parecía un final de cuento para el Tetris que, sin embargo, acabó convirtiéndose en una pesadilla...

Primero, porque Alexey no tenía derecho ni a negociar ni a recibir ninguna compensación por una obra que pertenecía al estado soviético. Segundo, porque la negociación y posterior comercialización de los derechos por parte de Stein fue, cuanto menos, «irregular» y, antes de tener nada firmado, vendió los derechos para Europa y Estados Unidos a **Mirrorsoft** y **Spectrum Holobyte** respectivamente —compañías de software del conglomerado mediático Mirror Group, propiedad del magnate **Robert Maxwell**, que jugaría un inesperado papel en toda esta historia— por 3.000 libras y el 15 por ciento de las ventas.

Go West

Phil Adam, presidente de Spectrum Holobyte por aquel entonces, era un férreo defensor del título, pero advirtió que iba a ser el primer videojuego ruso distribuido en un Estados Unidos gobernado por Ronald Reagan y en plena Guerra Fría y temía que este fuera rechazado por sus orígenes. En vez de intentar ocultarlo, decidió utilizarlo como una herramienta de marketing, rodeando a Tetris de un halo de misterio y llenando el juego de la imaginería soviética —desde la catedral de San Basilio a los desfiles en la Plaza Roja— que ahora todos asociamos con el juego.

El 29 de enero de 1988, Spectrum Holobyte puso a la venta el juego por 35 dólares y en un año vendió 100.000 unidades. En el CES de ese año, **Henk Rogers** —un desarrollador de software que se había especializado en publicar títulos extranjeros en el mercado japonés y que será CRUCIAL en toda esta historia— vio Tetris y consiguió adquirir de la compañía americana los derechos para comercializar una versión para la NES en el mercado japonés... solo para descubrir que, debido a la nebulosa gestión de licencias llevada a cabo por Stein, sus homólogos británicos —Mirrorsoft— ya habían vendido los derechos para consolas y recreativas en el mercado japonés a Atari.

Big in Japan

Ni corto ni perezoso, Rogers se plantó en la sede de Atari en Estados Unidos, abordó a su presidente —**Hideyuki Nakajima**— en el parking y, después de una amistosa cena a base de sushi, consiguió que le vendiera los derechos para consolas domésticas —los derechos para recreativas ya los había adquirido SEGA— por 300.000 dólares. Al fin y al cabo, Nakajima le confesó a Rogers que no estaban interesados en el mercado japonés y querían centrarse en Estados Unidos. El 22 de diciembre, Bullet-Proof Software —la compañía de Rogers— lanza Tetris en Japón y logra vender 2 MILLONES de unidades. El juego de Alexey se convierte en un fenómeno de masas.

Ese mismo mes, Rogers se reúne con **Minoru Harakawa** —presidente de Nintendo of America— que estaba preparando el lanzamiento de la Game Boy y le convence para que la venda en pack con Tetris en vez de con un juego de Mario, porque mientras el segundo aún se percibía como «un juego para niños», el primero gustaba a todos los públicos.

Intentado conseguir los derechos para publicar el título en consolas portátiles para Estados Unidos, Rogers empieza a desmadejar el embrollo de licencias y sublicencias que le lleva directamente a Stein y le pide a este que le venda los derechos. El británico le da largas mientras intenta concertar una reunión con **ELORG** —el organismo estatal encargado de comercializar y exportar tecnología soviética— para firmar un acuerdo que finalmente cerrara cualquier problema de licencias.

TROLOLÓ

Rogers empieza a sospechar que Stein le oculta algo y, una vez más, decide agarrar el toro por los cuernos y plantarse en Moscú para intentar conseguir los derechos directamente de los soviéticos. Consigue averiguar dónde está la oficina de ELORG y allí descubre el PASTEL: los funcionarios no saben de qué les está hablando cuando empieza a hablar de licencias y sublicencias en diferentes sistemas y territorios. Para ellos, el único poseedor de derechos de publicación es Stein y solo para ordenadores personales.

El problema residía en una línea del contrato original firmado con Stein en el que se le concedían derechos de publicación en «diferentes tipos de ordenadores», para los soviéticos significa justo eso —ordenadores—, pero parece ser que para Stein incluía ordenadores, consolas, máquinas recreativas y hasta cafeteras si alguien estaba dispuesto a pagar por ello. Cuando Rogers les enseña el cartucho del juego para NES publicado en Japón, los directivos de ELORG se enfurecen.

Rogers es convocado a una reunión al día siguiente en una inmensa sala de reuniones. A un lado de la mesa, un montón de personas que desconoce. Al otro, solo él. El holandés explica a todos esos funcionarios cómo funciona el mercado de los videojuegos en los países capitalistas. Estos le piden que les mande una propuesta de acuerdo y, si deciden aceptarla, vuelva a Moscú para firmarla. Rogers les dice que se irá en una semana, con el acuerdo firmado o no, pero que no volverá a Moscú. Es AHORA O NUNCA.

Lo que Rogers no sabía es que una de esas personas que se sentaban en el otro lado de la mesa y le miraban con ojos como platos era el mismo Alexey Pajitnov que, después de la reunión, se acerca a presentarse y se presta a acompañarle a dar una vuelta a la ciudad. Los dos hombres no podían ser más diferentes, pero ambos son desarrolladores y se entienden. Acaban cenando y bebiendo vodka juntos, hablando del juego y sus posibles secuelas.

Al día siguiente, Stein llega a ELORG intentando conseguir los derechos para consolas portátiles que le había pedido Rogers y los de máquinas recreativas. Sobre todo porque <u>Atari ya estaba vendiendo millones de máquinas</u>[3]. Los funcionarios soviéticos le reciben con cajas destempladas, le reprochan que se haya retrasado en el pago de sus royalties. Le dicen que primero negociaran lo de las recreativas y que ya verán después lo de las consolas portátiles, pero le exigen que antes de firmar nada nuevo primero firme un nuevo contrato que corrija en el que se supone que le pone penalizaciones por retrasos en los pagos.

Stein se lleva el contrato consigo y lo repasa en la habitación de su hotel. Aparentemente todo es idéntico al acuerdo anterior excepto unas

---

[3]   <https://www.youtube.com/watch?v=BLDEsdZjFQE>.

nuevas penalizaciones en el caso de que haya retrasos en los pagos, así que firma apurado por cerrar el acuerdo de las recreativas. De lo que Stein no se da cuenta es de que el nuevo acuerdo que acaba de firmar define un ordenador como «una máquina con teclado, monitor, sistema operativo...». Acababa de perder los potenciales derechos del título para consolas.

GROUND THEME

Los directivos de ELORG llaman a Rogers y le dicen que aceptan el acuerdo para venderle los derechos del juego para consolas portátiles, pero que también pueden incluir los derechos para consolas domésticas.

El hombre de negocio holandés reconoce inmediatamente la inmensa oportunidad que se le presenta y se da cuenta de que la misma le supera, así que vuelve a Estados Unidos y pide ayuda a **Nintendo of America**. Cuando regresa a Moscú no lo hace solo sino acompañado de **Howard Lincoln** —vicepresidente de la compañía—, un abogado con experiencia negociadora con las autoridades soviéticas que dominaba el ruso y una oferta bajo el brazo de 5 MILLONES de dólares y 50 centavos por cada cartucho vendido.

Para Nintendo la operación no supone solo la posibilidad de hacerse con los derechos de un gran juego sino también de devolvérsela a Atari, que les había demandado acusándoles de monopolio por su política de licencias y se había atrevido a comercializar juegos para sus plataformas, sin contar con las mismas.

Durante las negociaciones, Lincoln sugiere que se le otorguen royalties a Pajitnov, pero ELORG lo considera «inapropiado»: el juego se había desarrollado por funcionarios con materiales del Estado, así que todos los ingresos deberían ser para el mismo.

Gracias a las gestiones de Rogers y con el nuevo acuerdo firmado, Nintendo envía una carta de *cease* and *desist* a la misma Atari presidida por Nakajima que había accedido de forma amistosa a vender los derechos del juego al holandés. Las dos compañías van a juicio y Nintendo gana. Atari debe *comerse* la mitad de los 100.000 cartuchos que había producido con su propia versión del juego y aún no había comercializado.

Robert Maxwell, al enterarse del acuerdo que dejaba fuera a Mirrorsoft, entra en cólera y tira de sus contactos en la alta jerarquía del régimen soviético que llegaban hasta Mijaíl Gorbachov. Altos cargos se presentan en las oficinas de ELORG y piden todos los papeles de la operación, pero todo está en regla y los funcionarios aguantan la presión, explicando que el acuerdo con la compañía japonesa era mucho más satisfactorio que el que había ofrecido la británica. Nintendo volvía a ganar.

Happy? End

En el verano de 1989 la Game Boy[4] se lanza en Estados Unidos con Tetris como juego en pack y se convierte en todo un éxito. **Nintendo vendió 118 millones unidades de la consola y 35 iban acompañadas del Tetris**.

Aunque Nintendo es el gran ganador de esta historia, hasta este momento todo el mundo había hecho dinero con el Tetris menos Alexey, su creador, que seguía trabajando en la Academia de Ciencias y sobrevivía a duras penas con su mujer y sus dos hijos en su pequeño apartamento de Moscú.

En 1991, Rogers le ayuda a emigrar junto con su amigo **Vladimir Pokhilko** —con el que había colaborado en la creación de Tetris— a Seattle, donde los dos fundan **Animatek**, su propia compañía de videojuegos. Posteriormente, Pajitnov acaba trabajando en **Microsoft**, donde también se dedica a desarrollar juegos y, en 1995, cuando los derechos sobre el Tetris vencen, Rogers crea con él **The Tetris Company** y compran el 50 por ciento de los derechos del título. Once años después de haberlo desarrollado, Alexey por fin empezaría a recibir royalties por las ventas de su juego.

---

4   <https://en.wikipedia.org/wiki/Game_Boy>.

En 2005, The Tetris Company adquirió el 50 por ciento restante, convirtiéndose en la única propietaria de los derechos del juego. Pajitnov —que abandonó Microsoft ese mismo año— y Rogers viven cómodamente gracias a los royalties de un juego que ha vendido casi 200 millones de copias en sus diferentes versiones, lo que le convierte en la 7.ª franquicia más vendida de la historia.

Parece un cuento con final feliz, pero normalmente **la realidad es algo más complicada que los cuentos...**

Epílogo

La anterior es la versión «oficial» de la historia, pero no todo el mundo coincide en que la realidad fuera así. En 1984, **Vadim Gerasimov** era un adolescente de dieciséis años y un prodigio de la programación. Fue el responsable de portar el código seminal de Alexey del Electronika 60 al PC, añadiendo un montón de características por el camino que hoy consideramos esenciales en la mecánica del juego. En 2004 publicó <u>su propia versión de los hechos</u>[5] en la que considera que **el título, tal como lo conocimos, fue desarrollado por Pajitnov, Dmitry Pavlovsky y él mismo**.

También explica que, al contrario de <u>lo que afirma Henk Rogers</u>[6], nunca recibió ni un duro por su contribución al juego ni llegó a acuerdo alguno con Pajitnov. Cuando el desarrollador ruso y Rogers estaban negociando con ELORG la compra de derechos, «Pajitnov vino a mi casa y me pidió que firmara urgentemente un contrato para "obtener mucho dinero de editoras de videojuegos". No me dejó una copia del documento. Hasta donde recuerdo, el mismo decía que estaba de acuerdo en que mi contribución se limitaba a portar el Tetris al PC, daba a Alexey el poder de gestionar todos los derechos comerciales sobre el título y rechazaba

---

[5]   <https://vadim.oversigma.com/Tetris.htm>.

[6]   <http://web.archive.org/web/20010922175529/http://www.geocities.com/Hollywood/2430/a-r1.html>.

cualquier recompensa relacionada con los mismos. No estaba completamente de acuerdo con el contenido, pero confié en Alexey y firmé el documento de todos modos».

Robert Stein perdió los derechos de publicación para pecés en 1990 por no pagar los royalties y, en 1992, los de recreativas por el mismo motivo. Stein declaró que «como mucho» ganó 250.000 dólares con Tetris.

Las compañías de **Robert Maxwell** llegaron a soportar más de 3 billones de dólares de deuda. Se descubrió que había usado el fondo de pensiones de sus empleados para intentar pagar dicha deuda y, en 1991, su cuerpo apareció flotando en el Océano Atlántico. Según el forense, sufrió un ataque al corazón que le llevó a ahogarse accidentalmente...

Gerasimov se graduó en la Universidad de Moscú en 1992 y en 2003 consiguió un doctorado en el MIT. Actualmente, trabaja para Google.

Vladimir Pokhilko, el amigo de Alexey que le ayudó a crear y refinar el juego para posteriormente emigrar con él a Seattle y fundar Animatek, siguió al frente de la compañía cuando Pajitnov la abandonó para marcharse a trabajar a Microsoft. En 1998, agobiado por las deudas, se suicidó después de asesinar a su mujer y a su hijo de doce años. Dejó una nota en la que simplemente escribió: «He sido devorado vivo. Vladimir. Simplemente recuerden que existo. El diablo».

Y, a pesar de todo, **aún habrá gente que dirá que el Tetris es un simple juego**.

16
EL LEGADO DE LORD SUGAR
22 de junio de 2024

El pasado viernes 21 de junio **se cumplieron exactamente cuarenta años desde que se vendió el primer Amstrad CPC 464** en una pequeña tienda de la cadena de electrónica Rumbelows en la popular zona de Edgware Road en Londres.

Solo había 1.000 unidades a la venta, pero ahí estaban, como prometió Alan Sugar —fundador y presidente de Amstrad, un acrónimo de «Alan Michael Sugar Trading»— tras completar su diseño y fabricación en un tiempo récord de apenas nueve meses. Un objetivo que cualquiera hubiera catalogado como imposible, pero Sugar no era cualquiera.

Nacido en el seno de una humilde familia del East End londinense, el joven Alan vendió remolacha cocida en un puesto callejero para ganar algo de dinero hasta que dejó los estudios con dieciséis años. Con veintiuno y usando las 100 libras que había conseguido ahorrar (alrededor de 2.500 euros de hoy en día), funda Amstrad en 1968. Empieza vendiendo antenas de radio para automóviles y otros componentes electrónicos en una furgoneta que le costó la mitad del dinero que tenía.

En 1970, la furgoneta había quedado atrás y Sugar se atreve a dar el salto a la fabricación de cubiertas de tocadiscos. A mediados de los setenta, ya producía amplificadores y radiocasetes, batiendo a su competencia en precio.

En 1980, Amstrad empieza a cotizar en la Bolsa de Londres y duplica sus ventas cada año.

EL NACIMIENTO DEL 464

En 1983, al reconocer la oportunidad de negocio que suponían los ordenadores personales, Sugar dio el visto bueno para que la empresa diseñara y fabricara su propio sistema.

El papel del empresario no se quedó en eso. Definió una visión clara del producto: «mamá y papá no quieren que el pequeño Johnny se apropie del televisor, así que nuestra computadora debe tener su propio monitor, un teclado de tamaño completo y un casete incorporado para cargar software. Así, el pequeño Johnny podrá tenerlo en su dormitorio, liberando el televisor familiar».

También fue crucial su intervención para resolver los problemas de fabricación del chip del ordenador. Mientras el equipo debatía si rediseñar el chip —lo que requeriría una considerable cantidad de tiempo— o añadir un montón de componentes extra —lo que incrementaría el coste de cada unidad— Sugar tiró por la calle del medio, pagó la penalización necesaria para romper el contrato con su proveedor original y encontró uno nuevo, con un proceso de fabricación más apropiado, en... Italia.

Otra de sus decisiones que fueron determinantes para el éxito del sistema fue su empeño en que saliera al mercado con un montón de juegos. Para conseguirlo, el equipo mandó «kits de desarrollo» —los primeros prototipos de la máquina— a los principales desarrolladores de videojuegos en una época en la que estos solo tenían acceso al nuevo hardware cuando este se ponía a la venta.

Finalmente, Amstrad convocó a 400 periodistas el 11 de abril de 1984 para presentar su nuevo ordenador, el Amstrad CPC 464. Lo de CPC eran las siglas de «Colour Personal Computer» y el 464 se añadió por los 64Kb de memoria y... para que pareciera superior a los prototipos 264 y 364 que Commodore estaba desarrollando en ese momento. Un movimiento muy *sugariano*.

La recepción fue muy positiva. La revista *Personal Computer World* lo calificó como el «Spectrum Killer» y el periódico *The Guardian* lo llamó «Amstradivarius». Y como prometió Sugar, exactamente setentaiún días después —el 21 de junio de 1984— el ordenador se puso a la venta. Lo acompañaban dieciocho juegos.

Cuando se lanzó el 464, los ordenadores suponían un 4 por ciento de la facturación de Amstrad. Apenas doce meses después, alcanzaban el 66 por ciento e incrementaron los beneficios de la compañía un 122 por ciento. En 1986, Sugar aprovechó su éxito comercial y la debilidad financiera de su rival para comprarlo. Amstrad se hizo con la propiedad intelectual y la marca de Sinclair por 5 millones de libras, 17 millones de euros a fecha de hoy, ajustando cambio e inflación.

CORRIGIENDO UN SESGO DE CUARENTA AÑOS

El CPC 464 —en su versión económica, con monitor de fósforo verde— fue mi primer ordenador. No tengo ni idea de por qué mis padres lo compraron en vez del Commodore o el Spectrum, pero marcó mi infancia y —probablemente— toda mi vida, al descubrirme el mundo de la Informática.

Crecí despreciando al Spectrum, porque técnicamente era «inferior» —solo tenía 48Kb de memoria, en comparación con los 64 del Amstrad—, pero sobre todo porque era el ordenador que todo el mundo tenía, para el que salían más juegos y al que dedicaban más revistas. Los que teníamos Amstrad éramos los indies de la Informática, los que no nos dejábamos arrastrar por la masa. O así lo veía yo, claro.

Y en mi realidad, Commodore 64 y MSX eran sistemas minoritarios —apenas los tenían un par de desafortunados amigos, que no podían participar en el trasiego de casetes del patio del colegio— que ni siquiera entraban en esa guerra.

Tampoco me caía especialmente bien su creador, sir Clive Sinclair, que me parecía un esnob estirado en comparación con el hombre-hecho-a-sí-mismo que era Sugar.

40 años después, sé hasta qué punto estaba equivocado, tanto en una cosa como en otra.

El CPC 464 fue uno de los ordenadores de 8 bits más populares de la historia, pero su impacto fue mucho menor de lo que pensábamos los que crecimos en la España de los ochenta donde, por un motivo u otro, arrasó.

De los aproximadamente 2 millones de unidades que se vendieron, 450.000 se despacharon en España, donde casi compitió de tú a tú con un Spectrum que vendió 700.000. Entre el Commodore 64 y los distintos modelos de MSX, apenas se vendieron 350.000.

Sin embargo, esa cuota de mercado local fue una excepción. A nivel global, las ventas del Spectrum fueron mucho mayores, 5 millones de unidades. MSX vendió un número similar, fundamentalmente en Japón, y —sin duda— la máquina más popular fue el Commodore 64, que arrasó en Estados Unidos y consiguió colocar casi 13 millones de unidades.

Tampoco era muy acertada la imagen que tenía de Sugar y Sinclair.

Después de un desafortunado paso por la presidencia del Tottenham y de convertirse en el protagonista de la versión británica del *reality show* de televisión «El Aprendiz» —ocupando el rol que tenía Donald Trump en la versión original—, en 2007, el fundador de Amstrad vendió su compañía. Había llegado a valer 2.780 millones de libras, pero tras varios reveses comerciales —incluyendo incursiones fallidas en el mercado de las consolas de videojuegos y las PDA— la liquidó por apenas 125 millones.

Tras ser ordenado caballero en el año 2000 «por su contribución a la industria informática» al igual que Clive Sinclair en 1983, pero al contrario que este, en 2020 se mudó a Australia para intentar pagar menos impuestos que en el Reino Unido. Un movimiento muy *sugariano*, pero poco caballeresco y —en cualquier caso— no muy brillante, porque sus asesores no tuvieron en cuenta la legislación fiscal específica para la nobleza británica. Como consecuencia, Sugar tuvo que pagar 186 millones de libras por los impuestos adeudados.

Ese año, el magnate recompró la marca Amstrad para cedérsela a su nieto, que quiere montar una agencia de *marketing* digital junto con un socio, usando la marca de la mítica empresa que fundó su abuelo.

Al anunciarlo, a Sugar no se le ocurrió otra cosa que criticar el trabajo remoto afirmando que «estos dos muchachos no van a trabajar en pijama, deben salir de casa y hacer negocios». No es su única declaración polémica. Ha criticado abiertamente la legislación laboral británica que impide preguntar a una mujer en un proceso de selección si piensa tener hijos y asegura que, si no puede preguntarlo, directamente no las contratará.

En 2013, publicó un tuit en el que se veía una foto de un bebé chino llorando, según Sugar, porque le habían «regañado por abandonar la línea de producción del iPhone 5». Un humor con cierto tufillo racista que volvió a emplear en 2018, cuando publicó otro con la foto de la selección de fútbol de Senegal, asegurando que reconocía a algunos de los integrantes «de la playa de Marbella» y los calificaba como «muchachos multitarea con muchos recursos».

Pero, más allá de los claroscuros del fundador de Amstrad, si algo ha cambiado durante estos cuarenta años es mi perspectiva sobre Clive Sinclair, hasta el punto de considerarle uno de mis principales referentes personales y dedicar una Bonilista a su legado[1] cuando murió, en 2021. Alan copiaba y mejoraba, pero Sinclair siempre intentó ir donde nadie más había llegado, creando desde la primera calculadora electrónica de bolsillo hasta el primer vehículo eléctrico.

El verdadero legado de Sugar

Puede que la realidad sea un poco más complicada que lo que yo creía hace cuarenta años, pero lo que si era real era la emoción que aquellos primeros ordenadores provocaron en los que pudimos disfrutarlos.

Recuerdo esa primera aproximación a la informática completamente asilvestrada, sin apenas información disponible ni mucho menos algún adulto que nos mentorizara. La inmensa mayoría de los chavales que trasteábamos con máquinas como el CPC 464 no lo hacíamos para aprender a programar, sino para jugar. Y cuando tecleábamos un programa que venía impreso en una revista y modificábamos alguna variable para ver cómo cambiaba el juego, seguíamos jugando.

No deberíamos olvidarlo. En una época en la que muchos padres —sobre todos los que trabajamos en el sector digital— parecemos obsesionados con que nuestros hijos aprendan a programar para que no se conviertan en «los analfabetos del futuro», quizás deberíamos tener una aproximación muchísimo más lúdica a la Informática.

Que lo primero que les evoque la palabra «ordenador» sea interminables tardes de juego con nosotros o sus amigos, a bocadillos de Nocilla. A diversión y aventura. A un mundo donde las posibilidades son infinitas y se puede hacer cualquier cosa que se nos pase por la imaginación. Ese es el verdadero legado de Lord Sugar.

---

[1]   <https://mailchi.mp/bonillaware/clive-sinclair>.

17

EL FONTANERO BIGOTUDO

10 de marzo de 2024

Hoy, 10 de marzo, es el día de Mario o MAR10. Sus orígenes son tan fascinantes como sorprendentemente oscuros, teniendo en cuenta la popularidad del personaje. Os invito a hacer un viaje al pasado para conocerlos y, también, reconocernos en ellos a nosotros mismos.

WORLD 1-1: EL FRACASO QUE SE CONVIRTIÓ EN ÉXITO

Hiroshi Yamauchi, presidente de Nintendo, estaba obsesionado con empezar a vender fuera de Japón y no se le ocurrió mejor manera de hacerlo que contratando a su propio yerno —Minoru Arakawa, que había estudiado en el MIT y sabía inglés— a pesar de la oposición de Yoko, esposa de Minoru y su propia hija.

Yamauchi encargó a Arakawa que creara de la nada la filial de la compañía en Estados Unidos —Nintendo of America— cuya primera gran apuesta fue el lanzamiento del arcade «Radar Scope»[1], una especie de Space Invaders con unas falsas 3D.

---

[1]   <https://www.youtube.com/watch?v=8_bhYS2kcBo>.

La verdad es que el juego era bastante chulo, pero su comercialización fue un fracaso. En base a la buena acogida que habían tenido unas pocas máquinas de prueba en algunos salones recreativos, Arakawa invirtió la mayoría del reducido presupuesto de la filial en importar 3.000 máquinas recreativas del juego desde Japón, pero cuando estas llegaron finalmente a Nueva York —cuatro meses más tarde— el mercado había perdido el interés y apenas pudieron vender 1.000 unidades.

El joven directivo cambió la sede de la filial a Seattle, en la costa del Pacífico, para reducir los tiempos de envío desde Japón de futuros productos —lo que acabaría siendo determinante para que Mario se convirtiera en Mario, como veremos más adelante—, pero no habría «futuros productos» si no conseguían colocar las 2.000 recreativas que estaban cogiendo polvo en el almacén.

Se armó de valor y pidió a su suegro un kit de conversión para transformar las unidades de «Radar Scope» en otro juego que pudiera vender. Yamauchi accedió y le encargó el proyecto a **Gunpei Yokoi** —el creador de las exitosas maquinitas Game & Watch, que arrasaban en los patios de los colegios de los ochenta, y de la futura Game Boy— y a su joven protegido, un artista gráfico llamado **Shigeru Miyamoto**, que no había diseñado un videojuego en su vida.

Mientras Yokoi se encargaba de producir los chips de ROM que instalarían en las cabinas de «Radar Scope», Miyamoto asumió el diseño del juego en sí. La idea era usar los personajes del popular cómic Popeye para incrementar el éxito de lo que acabaría siendo «**Donkey Kong», pero como Nintendo no consiguió hacerse con la licencia,** Brutus, Olivia y Popeye acabaron convirtiéndose en Donkey Kong, Pauline y... *Jumpman.*

Arakawa sugirió cambiar el nombre del personaje a «Mario» en honor de **Mario Segale**, el dueño de las oficinas que tenían en Seattle, que había accedido a retrasar el cobro del alquiler mientras la pequeña filial intentaba superar sus dificultades económicas. El resto es historia.

Nintendo envió los kits de conversión que Arakawa, su mujer Yoko y un puñado de empleados instalaron una a una en las 2.000 máquinas que tenían en el almacén. Empezaron a vender «Donkey Kong» en julio de 1981 y se convirtió en un enorme éxito.

Cuando se acabaron las existencias, Arakawa decidió fabricar más directamente en Estados Unidos para no tener que esperar el envío por barco desde Japón y aprovechar la oportunidad que se le presentaba. En junio de 1982, Nintendo ya había vendido 60.000 máquinas, lo que supuso unos ingresos de unos 900 millones de dólares ajustando la inflación hasta la fecha actual y sentó las bases de la que acabaría siendo la compañía de videojuegos más importante del mundo.

Pero no fueron «Donkey Kong» ni su secuela «Donkey Kong Jr» (1982), ni tampoco el arcade «Mario Bros» (1983) los que convertirían a Mario en lo que es hoy en día...

WORLD 1-2: EL TÍTULO QUE SALVÓ LA INDUSTRIA DE LOS VIDEOJUEGOS

En 1983, el sector de los videojuegos se derrumbó. El público estaba harto de la sobreoferta de títulos de baja calidad y **las ventas en Estados Unidos cayeron un 97 por ciento, de 3.200 millones anuales a solo 100 apenas un par de años después.** En ese contexto, Nintendo decidió lanzar su consola Nintendo Entertainment System —o NES— en Estados

Unidos. Todo apuntaba a que sería un auténtico descalabro empresarial, pero la compañía japonesa tenía un arma secreta: «Super Mario Bros».

Después de acumular experiencia desarrollando títulos para la NES como «Excitebike» o el port de «Kung-Fu Master», Miyamoto quería lanzar un juego de scroll lateral que fuera una especie de *obra cumbre* en la que plasmar todo el conocimiento adquirido y despedirse del cartucho, ante la inminente llegada del Famicom Disk System (*spoiler*, el Disk System fue un fracaso).

Takashi Tezuka, ayudante de Miyamoto, sugirió que usaran el personaje de Mario para el juego, por el éxito que había tenido en anteriores títulos. El equipo —de apenas siete personas, entre desarrolladores y artistas— empezó a trabajar en un prototipo en el que Mario apenas ocupaba 16 x 32 pixeles en pantalla con la idea de hacerlo más grande y detallado *a posteriori*, pero pronto se dieron cuenta de que era más divertido que Mario pudiera cambiar de tamaño gracias a un *power-up*, el «superchampiñón». Así nació el título definitivo del juego, Super + Mario Bros.

El juego fue una auténtica revolución. No porque fuera el primer juego de scroll lateral, sino porque era la **primera vez que este era «orgánico».**

Precisamente por usar el motor de «Excitebike» —un juego de carreras— pudieron conseguir que Mario acelerara en vez de ir a velocidad constante, como ocurría en los juegos hasta entonces. Y no solo eso, el salto variaba dependiendo del tiempo que pulsaras el botón, el personaje derrapaba y al aterrizar de un salto paraba momentáneamente para reflejar su peso, pero después se deslizaba, como si tuviera inercia. Todos esos pequeños detalles conseguían que los jugadores sintieran el comportamiento de Mario como «natural» y se identificaran mucho más con él.

Más allá de las físicas del juego, el diseño era soberbio. El *gameplay* no era lineal, podías completar los niveles de varias formas. De hecho, podías ir «hacia arriba» o «hacia abajo» usando cañerías, y hasta encontrar zonas secretas. Super Mario Bros no era un juego de plataformas sino de exploración. Una aventura.

Su primer nivel o «World 1-1»[2] ha quedado inmortalizado para la historia como un paradigma del diseño de niveles y del concepto de «tutorial silencioso», o cómo enseñar a los jugadores las mecánicas de un juego sin tener que explicárselas. Era un juegazo y —treinta y nueve años, después— lo sigue siendo.

Tras un primer lanzamiento parcial de la NES en la ciudad de Nueva York —en el que, para convencer a las tiendas, Nintendo tuvo que enviárselas sin cobrarlas por adelantado y comprometerse a recoger sin coste toda la mercancía no vendida— en 1986 se empezó a distribuir por todo Estados Unidos con un pack que incluía dos mandos y el juego «Super Mario Bros» por 99 dólares de la época (unos 280 actualmente). La apuesta fue un éxito abrumador.

Para entender hasta qué punto, debemos recordar que en 1985 las ventas totales de la industria de los videojuegos apenas llegaron a los 100 millones de dólares. En 1986, las mismas alcanzaron los 430 millones, de los que 310 los facturó Nintendo[3].

A partir de ese momento, el sector comenzó a recuperarse poco a poco y, desde 1989, las ventas del sector se superan año tras año.

WORLD 1-3: DE PERSONAJE A SÍMBOLO

«Super Mario Bros» vendió más de 58 millones de copias en total, el que más hasta que —en 2006, diecinueve años después— fue superado por Wii Sports, otro juego de Nintendo.

Desde entonces, Mario ha protagonizado o participado en más de 200 juegos, se han producido dos películas, varios libros y series de dibujos animados sobre su universo, ha aparecido en millones de artículos de *merchandising*, tiene su propia área temática en dos parques de atrac-

---

[2]   <https://es.wikipedia.org/wiki/World_1-1>.
[3]   <https://news.google.com/newspapers?id=qKIbAAAAIBAJ&sjid=Ro4EAAAAI-BAJ&pg=5459,6856521>.

ciones de la Universal y hasta su propia calle en Zaragoza, la Avenida de Super Mario Bros[4].

Mario se ha convertido en un icono de la cultura popular. Es difícil encontrar a alguien que no reconozca al personaje y —si naciste de finales de los setenta en adelante— prácticamente imposible no tener algún recuerdo de tu infancia asociado con el fontanero bigotudo.

En mi caso, recuerdo perfectamente las interminables tardes de fin de semana pasadas con mi amigo Aitor hasta conseguir superar los 96 niveles del «Super Mario World»; o los piques con el primer «Super Mario Kart». Pero, también, un verano mucho más reciente que quedó marcado por las sobremesas en las que me pasé —mano a mano con mis hijos— el «Paper Mario: The Origami King» y cómo nos emocionamos juntos[5] al ir progresando por la historia hasta completarla. Fue un verano muy especial, el primero después del Covid-19 y el confinamiento. Otra generación, otros recuerdos, el mismo Mario de siempre.

Eso ha llegado a ser Mario para muchos de nosotros: **un lugar al que volver**, siempre que queramos, para rememorar momentos felices y personas a las que queremos. Hoy es un día tan bueno como cualquier otro para volver a hacerlo.

¿Echamos una partidita?

---

[4]   <https://www.google.com/maps/place/Av.+Super+Mario+Bros,+Casablanca,+Zaragoza/@41.6387169,-0.9540796,17z/data=!4m6!3m5!1s0xd596a52afd04e53:0x793a7e-0325cb33c1!8m2!3d41.6366193!4d-0.9528726!16s%2Fg%2F11b5pjft82?entry=ttu>.
[5]   <https://twitter.com/david_bonilla/status/1305905481383370755>.

18
LA HISTORIA DEL GIF
3 de mayo de 2020

Hace cincuenta años, una computadora con 2Kb de memoria y un procesador 2.000 veces más lento que el que monta cualquier móvil actual nos llevó hasta la Luna. Y sin embargo, un potente ordenador de sobremesa puede llevar su CPU al límite[1] y generar más calor que un reactor nuclear para renderizar un simple GIF, pero ¿por qué?

Para intentar encontrar la solución de esta paradoja tendremos que remontarnos al origen de este popular formato, odiado y amado a partes iguales por los programadores, que —treinta y dos años después de su nacimiento— se sigue usando de forma masiva y **se ha convertido en uno de los pilares de la cultura popular contemporánea, llegando a redefinir la forma en la que nos comunicamos.**

En 1987, cuando el formato GIF fue presentado, *todo esto era campo.* Aún faltaban dos años para que **Tim Berners-Lee** hiciera público su proyecto de «World Wide Web», el mercado de los ordenadores personales

---

[1] <https://www.google.com/search?ei=mrCtXpXhGNLhgwfcoInICg&q=gif+-cpu+load&oq=gif+cpu+load&gs_lcp=CgZwc3ktYWIQAzIGCAAQFhAeOgQIABBHO-gcIABCDARBDOgQIABBDOgIIADoFCAAQgwE6CAgAEBYQChAeOgQIABATOggIA-BAWEB4QEzoKCAAQFhAKEB4QEzoFCCEQoAE6BwghEAoQoAFQ4hhYnzRg1zVoA-HABeACAAVCIAZgGkgECMTKYAQCgAQGqAQdnd3Mtd2l6&sclient=psy-ab&ve-d=0ahUKEwiVloDg3JXpAhXS8OAKHVxQAqkQ4dUDCAw&uact=5>.

se repartía entre varias marcas como Apple, Atari, Commodore, Tandy o IBM y cada uno tenía su propia forma de mostrar gráficos. Sandy Trevor, CTO de Compuserve —uno de los primeros proveedores de acceso *online*— le encargó a **Steve Wilhite** que diseñara un formato que pudiera funcionar en cualquier máquina y, además, permitiera transmitir imágenes a través de una red especialmente lenta. Con una conexión de 1.200 baudios —que en los ochenta era considerada «alta velocidad»— una imagen de 20KB tardaba más de un minuto en descargarse.

Para conseguirlo, Wilhite diseñó el nuevo formato alrededor del LZW, un algoritmo que —al contrario que los utilizados por otros tipos de gráficos— **permitía comprimir los datos de las imágenes sin pérdida de calidad**. Ese *superpoder*, no la animación, fue la clave del éxito del GIF. De hecho, los primeros ficheros eran simples imágenes estáticas —como la primera foto que se publicó en la Red[2]— un GIF escaneado por el mismísimo Berners-Lee con la versión 1 de Photoshop.

El formato describía **un área gráfica de un tamaño determinado que podía rellenarse con una o más imágenes**, cada una con una paleta de un máximo de 256 colores, más que suficiente en una época en la que

---

[2]   <https://www.telegraph.co.uk/technology/news/9391110/How-the-first-photo-was-posted-on-the-Web-20-years-ago.html>.

empezaban a comercializarse —a un precio prohibitivo para la mayoría— las primeras tarjetas VGA[3]. Todas las imágenes se mostraban al mismo tiempo, pero una segunda especificación del formato lanzada en 1989 permitía usar fondos transparentes y... definir un «retraso» en la aparición de cada imagen o, lo que es lo mismo, la **posibilidad de crear animaciones**.

Pero la característica más importante del formato fue que Wilhite tuvo el acierto y la previsión de hacerlo **extensible, permitiendo que una aplicación pudiera guardar metadatos propios**. Eso posibilitó que en 1995 el equipo de desarrollo del navegador Netscape implementara un bloque de información en el que poder especificar el número de veces que se quería repetir la secuencia de animación —que, hasta ese momento, se reproducía una sola vez— introduciendo la posibilidad de la **reproducción en bucle**, que acaba de dar forma al GIF tal y como hoy lo conocemos.

Pero aunque el éxito del GIF parecía imparable y su popularidad actual parece corroborarlo, **estuvo a punto de desaparecer, repudiado por la misma comunidad que hoy lo adora**, porque el formato protagonizó uno de los primeros conflictos de patentes en la historia de la red.

Porque, aunque Trevor y Wilhite no lo sabían, **el algoritmo LZW estaba patentado por Unisys**. Y en 1995, después de permitir que los desarrolladores usaran el formato libremente durante años, Unisys anunció que pretendía cobrar un pequeño royalty —hasta el 0,65 por ciento del precio de venta— a todo el software que usara el algoritmo de compresión, lo que incluía formatos como TIFF, PDF y —por supuesto— GIF. Aunque en un primer momento Unisys ejerció su patente solo ante los fabricantes de las aplicaciones comerciales utilizadas para crear los GIF, en agosto de 1999 anunció que también **pretendía cobrar entre 5.000 y 7.500 dólares a todas las webs que usaran GIF creados por software no licenciado**, aunque fueran privadas y sin ánimo de lucro.

---

[3]   <http://isa.uniovi.es/docencia/SIGC/pdf/Evolucion_de_las_tarjetas_graficas.pdf%C2%A0>.

La reacción de los desarrolladores fue furibunda, impulsando el desarrollo de un formato alternativo y completamente libre[4] —el **PNG**, cuyo nombre es el acrónimo de Portable Network Graphics, pero originalmente era PING, de «PNG Is Not GIF»— y, aunque ahora suene surrealista, promoviendo el Burn All GIFs Day[5] el 5 de noviembre de 1999, cuando **algunos programadores se reunieron para quemar públicamente CD con GIF** en lo que *The Atlantic* denominó «la primera protesta política organizada contra un algoritmo matemático en la Historia de la Humanidad»[6]. Aunque Unisys solo exigió a las grandes corporaciones que compraran licencias, los desarrolladores percibieron la patente como una amenaza y el GIF cayó en desgracia.

La patente caducó en 2004 y, a partir de ese momento, cualquiera podía usar GIF sin ningún tipo de restricción. Una de las primeras webs que volvieron a popularizarlos fue MySpace, que permitía a los usuarios añadir CSS propio para personalizar su web y crear algunos de los diseños web más atroces jamás creados[7]. Tanto que **Facebook** y **Twitter se resistieron a usar GIF para que su diseño pareciera menos amateur que el de MySpace**, que estaba en la cresta de la ola cuando estas redes sociales fueron lanzadas.

Afortunadamente para el formato, en 2007 se lanza Tumblr —el blog para hipsters— que permite publicar GIF de hasta 500KB. Debido a la forma en la que procesaba los archivos, los GIF sobresaturados —especialmente con colores magenta y cian— muy brillantes o con más de 50 frames, no cargaban. Pero **Tumblr convierte un** bug **en una** feature, **creando una estética visual muy característica, compuesta por GIF más oscuros y fotográficos**, y dignifica el formato seleccionando conte-

---

4   <https://groups.google.com/forum/#!msg/comp.graphics/tylpVt2y9s8/eHWKN-VLYMREJ>.

5   <https://burnallgifs.org/archives/>.

6   <https://www.theatlantic.com/past/docs/unbound/citation/wc991103.htm>.

7   <https://thesocietypages.org/cyborgology/files/2012/05/Bad-MySpace-Design-6201.jpg>.

nidos para el tag #GIF y publicando trabajos originales, creados por ellos mismos.

En 2011, los GIF se empiezan a usar en hilos de Reddit como contestación para expresar emociones e ideas, convirtiéndose en una parte fundamental de la comunicación e interacción digital. Desde entonces su popularidad no ha dejado de crecer.

El formato **quedó tecnológicamente obsoleto hace años, pero son sus propias limitaciones las que han contribuido a su éxito.** La ausencia de audio y la falta de control en la reproducción —que es un bucle continuo— permite que el mismo sea consumido de forma asíncrona y sin requerir la atención del destinatario; y como son simples ficheros pueden publicarse y compartirse en cualquier parte, sin la necesidad de codecs o plugins adicionales. Esa ubicuidad y universalidad es la que explica por qué el GIF se ha convertido en un icono cultural de nuestro tiempo y por qué seguimos utilizándolo. **El mejor GIF es aquel que se comparte**.

El GIF nos enseña, una vez más, que la tecnología es un medio, no un fin.

Bola extra: por qué para renderizar un GIF se necesita la potencia de un ordenador cuántico

No soy un experto en navegadores web ni en gráficos computerizados, pero sí soy curioso y he intentado entender cómo una página web con un puñado de GIF puede ralentizar tanto mi ordenador.

El primer factor que puede influenciar es **el tamaño de los ficheros.** Un GIF de 14MB puede convertirse en un video MPEG-4 de 687KB, un 94 por ciento menos. Esto es posible porque el GIF necesita almacenar cada imagen mientras que los vídeos solo guardan algunas imágenes completas —denominadas I-frames— y entre las mismas hay muchos B- y P-Frames que únicamente almacenan las instrucciones necesarias para transformar una imagen en la siguiente, cambiando algunos píxeles.

El segundo factor es **la gestión en memoria de esos ficheros.** Mientras que un GIF tiene que descargarse por completo para ser mostrado por el navegador, un vídeo puede ser *streameado* en diminutos *chunks*[8] —trocitos de pocos segundos que se van concatenando, reproduciendo y borrando haciendo que la huella de memoria del navegador sea mínima, mientras que una web con un puñado de GIF puede comerse 20, 50 o 100MB—.

El tercer factor es **la necesidad de decodificar imagen a imagen**, algo que exige mayor trabajo a la CPU. En una comparativa realizada por Jeremy Wagner[9], consultor especializado en rendimiento web, un GIF con una animación de 6,5 segundos requirió 2,668 milisegundos de la CPU, mientras que en formato MEPG-4 solo necesitó 1,994, un 25 por ciento menos.

El cuarto factor puede ser **la existencia de CPU/GPU con hardware específico para codificar y decodificar vídeo**, por ejemplo las CPU de Intel desde la serie Broadwell[10] o las tarjetas GeForce de NVIDIA desde la serie 8[11], mientras que el trabajo de codificación y descodificación del algoritmo LZW se lo come la CPU a pecho palomo.

El quinto factor que puede influir es **la necesidad de calcular un redondeo en el** delay **o retraso con el que se muestra cada imagen de la animación de un GIF**. Porque, aunque la especificación de 1989 permitía definir delays de solo 0,01s por imagen, la mayoría de los navegadores solo admiten un delay mínimo de 0,02s y algunos, como en el caso de Explorer, hasta de 0,06s[12].

Por si todo esto no era suficiente, el sexto factor puede ser **la necesidad de representar más de 256 colores** saltándose la limitación original del GIF. Para conseguirlo, se parte cada imagen en pequeños trozos de

[8]   <https://medium.com/canal-tech/how-video-streaming-works-on-the-web-an-introduction-7919739f7e1>.

[9]   <https://developers.google.com/web/fundamentals/performance/optimizing-content-efficiency/replace-animated-gifs-with-video>.

[10]   <https://en.wikipedia.org/wiki/Broadwell_(microarchitecture)#New_features>.

[11]   <https://en.wikipedia.org/wiki/GeForce_8_series#Display_capabilities>.

[12]   <https://web.archive.org/web/20170201034945/http://blog.fenrir-inc.com/us/2012/02/theyre-different-how-to-match-the-animation-rate-of-gif-files-accross-browsers.html>.

16 x 16 píxeles con una paleta propia de 256 colores[13]. Recordemos que un GIF define área gráfica de un tamaño determinado que puede rellenarse con una o más imágenes. Así que, cuando vemos un gráfico en un GIF, potencialmente podemos estar viendo MILES de imágenes al mismo tiempo... multiplicad eso por cada frame que compone una animación.

---

[13]   <https://en.wikipedia.org/wiki/GIF#True_color>.

19
EL AÑO EN QUE LOS VIDEOJUEGOS CAMBIARON PARA SIEMPRE
6 de octubre de 2019

El progreso es lineal, pero hay momentos en la historia en los que el universo entero parece conspirar para ayudar a dar un salto evolutivo a una civilización entera o a una disciplina en concreto. También a los videojuegos.

1988 había sido un ejercicio de transición, donde la industria del ocio electrónico se había consolidado a base de secuelas y precuelas de algunos de los títulos más conocidos, pero habían salido pocas franquicias nuevas que mereciera la pena destacar. A finales de año se puso a la venta la Sega Mega Drive en Japón, aunque su lanzamiento fue eclipsado por la salida de Super Mario Bros 3 justo una semana antes. Entonces, justo hace treinta años, llegó **1989. 365 días cambiaron la industria de los videojuegos para siempre** y marcaron a una generación por completo.

En 1989 se publicaron excelentes arcades que quedaron para siempre en nuestra memoria, como <u>Golden Axe</u>[1], <u>Final Fight</u>[2] y <u>Teenage Mutant Ninja Turtles</u>[3], tres beat'em up de scroll lateral que marcaron época y

---

[1] <https://www.youtube.com/watch?v=1v7VL4P4tbI>.
[2] <https://www.youtube.com/watch?v=wymIQ1FywrA>.
[3] <https://www.youtube.com/watch?v=pjZoOHIcJpc>.

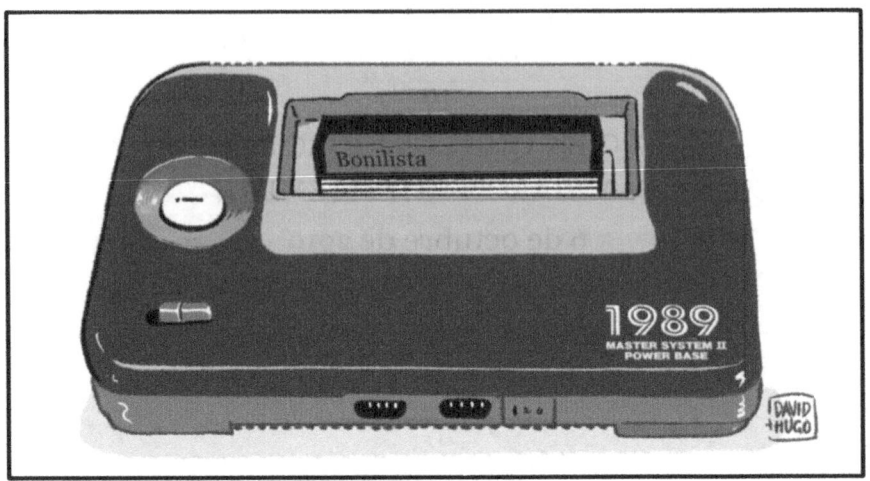

que —junto al Pang[4]— consiguieron que nos fundiéramos la paga en los salones recreativos.

También disfrutamos de grandes juegos que nos proporcionaron centenares de horas de diversión en casa. Phantasy Star II[5] fue el primer juego de Rol de la Mega Drive y ayudó a popularizar el género en Occidente. Usaba un cartucho de 6 megabits, lo que lo convertía en el videojuego más grande que jamás había sido publicado. La conversión del arcade Shadow of the Beast[6] nos demostró la potencia del **Commodore Amiga**, mostrando hasta 128 colores en pantalla y 12 niveles de scroll paralelo, algo nunca visto hasta entonces. Kick Off[7] fue uno de los primeros simuladores de fútbol que merecía ser denominado como tal y Herzog Zwei[8] prácticamente inventó el género de la estrategia en tiempo real.

Pero no fue ninguno de esos excelentes juegos lo que hizo que 1989 marcara un antes y un después. Mientras la edad de oro del software

---

4 <https://www.youtube.com/watch?v=70CHctsnuyw>.
5 <https://www.youtube.com/watch?v=rP1slFegNv4>.
6 <https://www.youtube.com/watch?v=y9BltSvKMlQ>.
7 <https://www.youtube.com/watch?v=Iv4vY3sRiQg>.
8 <https://www.youtube.com/watch?v=BYfYrhT82RM>.

español[9] empezaba una inexorable decadencia por la incapacidad de las compañías nacionales de adaptarse a las nuevas máquinas de 16 bits, **un puñado de títulos demostraron de una vez por todas que el ocio electrónico no era un pasatiempo para niños**. Hoy todavía son considerados como algunos de los más importantes e influyentes de la historia de los videojuegos:

- SimCity[10] de **Will Wright estrenaba la serie Sim y nos permitía diseñar una ciudad, gestionar todos sus servicios y verla prosperar o decaer dependiendo de nuestra pericia como alcalde. La primera versión del juego se desarrolló en 1985, pero este presentaba un paradigma poco habitual en los videojuegos —no se podía ganar o perder—, así que los** publishers pensaban que un título así no interesaría a nadie y se pasó cuatro años en un cajón. Por cierto, su código fuente[11] fue liberado en 2008.

- Populous[12], **diseñado por Peter Molyneux, definió el género de los «god games», haciéndonos asumir el papel de una deidad que debía liderar a sus seguidores. Con más de 4 millones de copias despachadas, fue uno de los primeros títulos que dejó entrever la ENORME cantidad de dinero que llegarían a mover los videojuegos y sigue siendo uno de los juegos de PC más vendidos de todos los tiempos.**

- Prince of Persia[13] **de Jordan Mechner tenía unas animaciones hiperrealistas y sorprendentemente fluidas para la época gracias a una técnica llamada rotoscopia. Mechner usó a su hermano para modelar al príncipe. No tenías límite de vidas, pero solo disponías de una hora de tiempo real para acabar el juego.**

---

[9]   <https://es.wikipedia.org/wiki/Edad_de_oro_del_software_espa%C3%B1ol>.
[10]   <https://www.youtube.com/watch?v=A54blk-ojA4>.
[11]   <https://weblogs.asp.net/bsimser/simcity-source-code-released-to-the-wild-let-the-ports-begin>.
[12]   <https://www.youtube.com/watch?v=MZFVO6HWV-4>.
[13]   <https://www.youtube.com/watch?v=fggouSd3dr4>.

Ubisoft relanzó con éxito la franquicia en 2003, llevándola a las tres dimensiones. Ese remake fue el origen de la popular saga **Assassin's Creed.**

- Indiana Jones y la última cruzada[14], **una de las mejores aventuras gráficas de todos los tiempos. Recreaba —y hasta mejoraba— la película en la que se basaba, con puzzles absorbentes que podían ser completados de distintas formas. Sus gráficos estaban llenos de colorido y un exquisito** pixel art con un nivel de detalle nunca visto hasta la fecha.

Pero ni siquiera esos JUEGAZOS fueron los que hicieron que 1989 marcara un antes y un después en la historia del videojuego, sino el lanzamiento de una consola portátil sin grandes pretensiones: la **Nintendo Game Boy**.

La Game Boy era técnicamente muy inferior en comparación con sus competidores —la **Atari Lynx**, la **TurboExpress** y, sobre todo, la **Game Gear** de Sega— pero tenía tres características que le permitieron barrer el mercado: era la más barata —algo muy a tener en cuenta en un momento en el que una consola se consideraba poco más que «un juguete caro»—, funcionaba con cuatro pilas normales —a las que podías arrancar hasta quince horas de juego— y era MUY robusta, resistiendo golpes, salpicaduras y otras atrocidades varias.

Las diferentes versiones de Game Boy vendieron casi 120 millones de unidades y se convirtieron en un icono cultural de los noventa, pero sobre todo consiguieron que pudiéramos **disfrutar de los videojuegos —por primera vez— con verdadera independencia e intimidad**, más allá del cuarto de estar, donde el uso de la consola de videojuegos quedaba arrinconado a aquellos escasos momentos en los que ningún adulto hacía uso de la única televisión que solía haber en las casas.

La consola de Nintendo también nos permitió **escapar del rígido control parental que consideraba que los videojuegos eran un mal**

---

[14] <https://www.youtube.com/watch?v=9ivNLD75rAU>.

hábito. Podíamos jugar en cualquier sitio... y a cualquier hora. ¿Cuántos de nosotros nos levantábamos por la noche para encender la consola y echar unas partidas bajo las sábanas?

La Game Boy permitió que todo una generación empezáramos a descubrir los videojuegos sin preocuparnos de nada más que disfrutar. Eso cambió la industria —y a nosotros mismos— para siempre.

Por eso creo que 1989 fue el año que cambió el mundo de los videojuegos. No sé si fue la mejor cosecha de títulos de la historia —tendría que disputar ese galardón con un 1991 que nos dejó Another World, Street Fighter II, Lemmings, Sonic the Hedgehog, Super Mario World, Zelda: a Link to the Past, Monkey Island 2 o <u>Civilization</u>[15]— pero sí creo que **marcó un punto de inflexión para que el videojuego comenzara a ser considerado un verdadero medio artístico** y sentó las bases necesarias para que el ocio electrónico dejara de ser un nicho y se convirtiera en un negocio de masas. Un negocio que, **apenas treinta años después, factura más que la industria cinematográfica, musical y editorial JUNTAS**.

---

[15]   <https://us2.campaign-archive.com/?u=374c664073e1a1fa3deca53b4&i-d=84c9251243>.

20
EL DÍA DEL CUANTO
14 de abril de 2024

Hoy, 14 de abril, se celebra el <u>Día Mundial de la Cuántica</u>[1] en honor a la constante de Planck, cuyo valor redondeado es 4,14, la piedra angular sobre la que se empezó a desarrollar la mecánica cuántica.

La efeméride es una excusa tan buena como cualquier otra para invertir cinco minutos en intentar entender de una vez por todas qué carallo es y —sobre todo— **qué impacto puede tener la cuántica en nuestra vida en general y en la Informática en particular**.

Pero para poder entrever el futuro, primero debemos estar seguros de conocer el presente. Para muchos informáticos de nueva hornada, la Física es una disciplina completamente alienígena.

No es culpa suya. La profesión ha sepultado los fenómenos físicos que permiten la computación bajo infinitas capas de abstracción; y los distintos cursos para aprender a programar de forma acelerada y satisfacer la insaciable demanda de desarrolladores no lo enseñan por no considerarlo «necesario».

---

[1]   <https://worldquantumday.org/>.

Sin embargo, detrás de todos esos interfaces gráficos, lenguajes de alto nivel, máquinas virtuales, sistemas operativos y bases de datos, **la Informática tal y como hoy la conocemos no deja de reducirse a un montón de transistores que traducen un fenómeno físico, como la electricidad, en ceros y unos** —menos o más tensión— con los que hacer operaciones, usando lógica binaria.

Todo lo que se ejecuta en tu ordenador, desde el último videojuego refachero que acaba de salir al mercado hasta el navegador en donde estás leyendo este texto, acaba reduciéndose a ceros y unos —código máquina— que se convierten en señales eléctricas que los transistores amplifican o reducen.

Por supuesto que, hoy en día, no hace falta conocer cómo un ordenador hace una suma o una resta a partir de puertas lógicas que dejan pasar más o menos electricidad para convertirse en programador profesional —ni, mucho menos, usar un ordenador con soltura—, pero ayuda a entender qué es la computación cuántica y el grado de desarrollo de la misma.

Si la Informática Clásica se basa en la electricidad y el magnetismo, y tiene como unidad mínima de información el bit —cero o uno—, la Informática Cuántica se basa en la mecánica cuántica y el cúbit, cuyo valor puede ser cero o uno... o cualquier combinación lineal entre los dos. Realmente, la probabilidad de que esté en un estado o en otro.

Para entender esta ida de olla, necesitamos comprender lo que propone la mecánica cuántica: que no se puede hablar de ningún fenómeno subatómico con certeza absoluta. Un electrón no existe en un solo lugar sino en muchos, no tiene una sola velocidad sino múltiples. Aunque los efectos de esa incómoda realidad son imperceptibles en objetos macroscópicos, en una partícula cuántica son gigantescos.

La mecánica cuántica destrozó la visión determinista del universo de la Física clásica, donde todo obedecía a unas leyes que nos permitían predecir con exactitud el comportamiento de la materia. La cuántica nos obligó a asumir que no podemos conocer con exactitud dónde está y cómo se mueve un electrón ni tampoco qué camino seguirá de un punto a otro, solo sus posibles rutas y la probabilidad de que elija una u otra.

La mecánica cuántica horrorizaba a Albert Einstein, para el que la Física debía versar sobre causas y resultados objetivos, no sobre probabilidades. Enfadado ante el mundo que planteaba, objetó que «Dios no juega a los dados», a lo que Niels Bohr replicó: «No nos corresponde a nosotros decirle cómo debe usar sus dados». Por mucho que lo intentó, Einstein murió sin poder refutar la mecánica cuántica.

Ya sé que pensar en las implicaciones filosóficas y teológicas de todo esto puede dar dolor de cabeza —como cuando nos planteamos cosas como «si antes del Big Bang solo estaba la nada ¿quién puso ahí la nada?» o comemos helado demasiado deprisa—, pero tranquilos, hoy no iremos más allá.

El caso es que, al igual que al principio del siglo xx algunos científicos se plantearon si podían usar las propiedades eléctricas para construir máquinas de cálculo o computadoras, **en los años ochenta un conjunto de científicos se planteó si sería posible usar las propiedades cuánticas para construir computadoras**. En vez de trabajar con voltajes eléctricos y lógica binaria, hacerlo con cuantos[2] y lógica cuántica, esa superposición de posibles estados de una partícula subatómica.

---

[2]   <https://es.wikipedia.org/wiki/Cuanto>.

Explicar sus entresijos nos llevaría horas, pero dejando a un lado la superposición y la interferencia, **para entender el potencial de la computación cuántica solo hace falta asimilar el concepto de entrelazamiento**.

Los cúbits pueden «entrelazarse», de tal manera que el estado de uno afecte a otro. Esto implica que, mientras que la cantidad de información que puede procesar al mismo tiempo un ordenador clásico de n bits tendrá tamaño n, el de n cúbits será de 2^n. Si añadimos un bit a un ordenador clásico, el bloque de información procesada tendrá un bit más, mientras que **añadiendo un cúbit a un ordenador cuántico, la información procesada SE DUPLICA**.

Imaginad lo que se podría hacer con toda esa capacidad de procesamiento. Hay gente que ya lo ha hecho. En 1994, Peter Shor demostró matemáticamente que **un ordenador cuántico con la suficiente capacidad de proceso podría reventar los sistemas criptográficos actuales, basados en factores**.

Se calcula que el «Q-Day», o el día en el que un ordenador cuántico sea capaz de romper nuestras actuales claves criptográficas, llegará alrededor de 2030. Por eso, organismos como el estadounidense NIST ya están trabajando en algoritmos de <u>criptografía post-cuántica</u>[3].

El problema es que operar un ordenador cuántico no es nada sencillo. Para que los cúbits puedan conservar sus propiedades deben estar muy fríos, pero no «muy fríos» como el agua de la playa de Riazor, sino apenas unas milésimas por encima del cero absoluto. Además, solo mantienen un estado consistente durante pocos milisegundos, así que, el tipo de operaciones que pueden procesar son muy sencillas.

IBM y Atom Computing ya han roto la barrera de los 1.000 cúbits, pero el principal reto ya no es incrementar la potencia de cálculo sino mejorar la tolerancia a fallos del diseño.

Cada año se construyen ordenadores con más cúbits (más potencia), que necesitan menos frío (menos gasto) y tienen un mayor tiempo de

---

[3] <https://en.wikipedia.org/wiki/Post-quantum_cryptography>.

coherencia (permiten operaciones más complejas), pero si hacemos un paralelismo con la Informática clásica, **la computación cuántica aún está en la fase de válvulas de vacío.**

No tendremos ordenadores cuánticos en casa a corto y medio plazo... y puede que no los tengamos nunca, porque la Informática clásica y la cuántica no son excluyentes. Podemos usar ordenadores con arquitecturas tradicionales —baratas, fiables y sencillas de operar— para nuestras tareas del día a día y mainframes cuánticas, gestionadas como un servicio en la nube, para realizar operaciones muy concretas.

¿Pero cuales serán esas operaciones? Más allá del llamativo tema de la seguridad informática, **la computación cuántica puede brillar en áreas específicas, como el modelado y simulación de sistemas complejos** —que podría revolucionar industrias como la farmacéutica, la química o la financiera, acelerando el desarrollo de nuevos medicamentos, materiales y estrategias de inversión— o la inteligencia artificial, con la implementación de nuevos algoritmos cuánticos de aprendizaje automático.

Más potencia, para problemas específicos. Aún en una fase incipiente, pero dando pasos gigantes cada año. Quédate con eso. Respecto al resto... **Si te has quedado** picueto **con los fenómenos físicos que fundamentan la computación cuántica y la tecnología para trasladarlos a un chip programable, no te sientas mal.** No eres idiota.

En 2022, el ganador del Premio Nobel de Física —el doctor John F. Clauser— afirmó: «Confieso que, a día de hoy, todavía no entiendo la mecánica cuántica y no estoy muy seguro de saber cómo usarla, en gran parte, porque todavía no la entiendo»... después de ganar el premio.

Si has llegado hasta aquí, estás un poquito más cerca de Clauser que hace cinco minutos.

21
LOS GRANJEROS QUE DECIDIERON HACER VIDEOJUEGOS
5 de abril de 2020

Los padres de los cinco hermanos —Guillemot Christian, Claude, Gérard, Michel e Yves— tenían un pequeño negocio de distribución y venta de fertilizantes, abonos y pesticidas para granjeros y agricultores en la remota Bretaña, la Galicia francesa.

Durante el verano, echaban una mano en la empresa familiar y enseguida se dieron cuenta de que, como sus productos químicos eran genéricos, la única manera de luchar contra la feroz competencia era bajando precios y su ya estrecho margen. La cosa no tenía muy buena pinta, así que buscaron otras cosas que vender a los granjeros en su pequeña tienda. Empezaron con los CD de audio —que a comienzos de los ochenta eran toda una novedad— y, poco después, con ordenadores.

En un viaje al Reino Unido, Claude se dio cuenta de que el precio de venta al público de hardware y software era la mitad del que les ofrecía a ellos su distribuidor en Francia, así que empezaron a importar por su cuenta y a vender por correo a todo el país en 1985. Ese fue el origen de **Ubisoft**, la cuarta empresa de videojuegos más grande del mundo por capitalización bursátil[1]. Un imperio, con ventas anuales de más de 2.000

---

[1] <https://www.ubisoft.com/en-US/company/investor_center/share_information.aspx>.

millones de euros, construido alrededor de cuatro decisiones que pudieron acabar con el mismo.

EL CHÂTEAU

En 1986, los hermanos Guillemot decidieron utilizar las ganancias de la distribución y venta de ordenadores y videojuegos para desarrollar sus propios títulos. Contrataron a un puñado de jóvenes —entre ellos, a Michel Ancel, que por aquel entonces tenía solo quince años— y se les ocurrió que la mejor manera de conseguir que fueran productivos era encerrarlos juntos en un entorno idílico, una antigua casa solariega en su Bretaña natal[2].

Si el experimento hubiera salido mal, habrían sufrido grandes pérdidas que hubieran puesto en riesgo el futuro de Ubi, pero salió medio bien. Aunque tuvieron que cerrar el château apenas dos años después porque se gastaban miles de euros al mes solo en calefacción, durante

---

[2]   <https://cpcrulez.fr/games-company-UBISOFT-chateau_pour_programmeurs_AMMAG.htm>.

ese periodo consiguieron crear un puñado de juegos, incluyendo <u>Zombi</u>,[3] que se convirtió en un éxito de ventas y financió posteriores desarrollos.

RAYMAN

Cuando desalojaron el castillo y recolocaron a los programadores en sus oficinas de las afueras de París, Ancel dejó la compañía porque su familia —¿hemos hablado ya de que apenas era un adolescente?— no podía permitirse el nivel de vida de la capital.

Los Guillemot le dijeron que si alguna vez tenía una idea interesante no dejara de llamarles y eso es exactamente lo que hizo Ancel en 1994 para presentarles el prototipo de lo que sería <u>Rayman</u>[4]. Los Guillemot no solo financiaron el proyecto sino que —aunque permitieron que Ancel siguiera en Montpellier— montaron un estudio de cien personas en París para apoyar el desarrollo y competir de «tú a tú» con compañías japonesas y americanas.

Además, fueron doblemente osados porque decidieron lanzar el juego para la nueva generación de consolas, un mercado mucho más pequeño, pero también con mucha menos competencia. Una vez más, el ostión podía haber acabado con la compañía, pero consiguieron acabar a tiempo y ser uno de los nueve únicos títulos que acompañaron a la PlayStation en su lanzamiento en Estados Unidos.

El juego vendió 900.000 copias en dos años y, según Yves Guillemot, tardó dieciocho meses en llegar a ser rentable, pero a partir de ese punto de equilibrio siguió vendiendo y vendiendo —solo en el Reino Unido despachó 5 millones de copias, siendo el título de PlayStation más vendido de la historia— consiguiendo ser inmensamente rentable.

---

[3] <https://www.youtube.com/watch?v=jtyTZDKPmTQ>.
[4] <https://www.youtube.com/watch?v=rAd6MlU5yiY>.

TORMENTA ROJA

El éxito de Rayman les permitió sacar la compañía a Bolsa en 1996. Con la inyección de capital que eso supuso, los hermanos fundaron **Gameloft** —una compañía para desarrollar videojuegos para móviles y el incipiente Internet— y le cedieron los derechos para desarrollar juegos con sus personajes. Ese acuerdo quintuplicó el precio de las acciones de Ubisoft, pero en vez de recoger ganancias, los hermanos decidieron invertir gran parte de ese dinero en la adquisición de <u>Red Storm</u>[5] —un estudio fundado, entre otros, por el escritor **Tom Clancy**— por 170 millones de dólares. Una auténtica barbaridad para el tamaño de la compañía en aquella época.

Una vez más, la decisión podría haber acabado con la compañía, pero el primer título lanzado, «Tom Clancy's Ghost Recon», fue un éxito de ventas, posicionó a Ubisoft como una compañía global y, posteriormente, el estudio fue clave en el desarrollo de grandes éxitos como Splinter Cell o Far Cry.

LA OPA

En 2015, el conglomerado francés de medios **Vivendi** intentó comprar Ubisoft. Empezó haciéndose con Gameloft —que cotizaba en Bolsa de forma independiente—, pero los hermanos se resistieron a perder el control de la joya de la familia —Ubisoft— y, en vez de vender sus participaciones y limitarse a disfrutar de las ganancias, empezaron a comprar más acciones.

Una vez más, los Guillemot lo arriesgaron todo y aunque podían haberse arruinado, una vez más la jugada les salió bien. En 2018, Vivendi y Ubisoft llegaron a un acuerdo en el que la primera se comprometía a vender todas sus participaciones en la segunda.

---

[5] <https://en.wikipedia.org/wiki/Red_Storm_Entertainment>.

La historia de Ubisoft y los hermanos Guillemot es una muestra de tesón y osadía, pero además esconde **cuatro valiosas lecciones sobre cómo crear la cuarta compañía de videojuegos más grande del mundo a partir de una pequeña tienda en Bretaña**, más allá de la constancia, el trabajo duro y una pizca de suerte:

1. Apuesta por los océanos azules

Algo que parece incrustado en el ADN empresarial de los Guillemot desde que dejaron de vender fertilizante para vender ordenadores. La arriesgada decisión de apostar por nuevos mercados —como el de **juegos para móviles** (Gameloft[6])— y lanzar títulos para nuevas plataformas como **PlayStation** (Rayman[7]) o **Xbox** (Splinter Cell[8]) en vez de para otras más maduras, pero también con mucha más competencia, les permitió crecer rápidamente y convertirse en lo que son hoy. Ese ADN sigue presente en el Ubisoft actual, que sigue explorando nuevos nichos como el de los Escape Rooms virtuales[9].

2. Captura de toda la cadena de valor

Puede que también influenciados por la experiencia vivida con la empresa de sus padres, los Guillemot apostaron desde sus inicios por trascender la mera distribución e invertir en la creación de sus propios productos. En 1984 montaron una pequeña tienda de informática para venta directa al público, en 1985 dieron el salto a la importación y distribución y, en 1986, comenzaron a desarrollar y comercializar sus propios videojuegos[10]. Con

---

6   <https://en.wikipedia.org/wiki/Gameloft>.
7   <https://en.wikipedia.org/wiki/Rayman>.
8   <https://www.youtube.com/watch?v=2ZLHAEqWAVo>.
9   <https://www.ubisoftescapegames.com/>.
10   <https://www.youtube.com/watch?v=gQPrlmy1fMQ>.

cada paso, capturaban un trozo más de la cadena de valor —desde el productor al consumidor— y, también, del margen de beneficios.

3. Adquieren talento por tierra, mar y aire

Ubisoft es la compañía de videojuegos con la mayor plantilla del mundo, más de 14.000 empleados que trabajan en <u>cuarenta estudios distribuidos por todo el mundo</u>[11]. No les ha temblado la mano a la hora de crecer mediante adquisiciones, como por ejemplo la de **Red Storm** —que les permitió poner una pica en Estados Unidos— ni tampoco en crear una compleja estructura de estudios propios y desarrollar la metodología necesaria para conseguir que colaboren unos con otros en el desarrollo de nuevos juegos en vez de funcionar de forma aislada. Una de las principales justificaciones para mantener esa estructura descentralizada es tener presencia global para atraer talento global. Un claro ejemplo es la creación del estudio **Ubisoft Montpellier** —una ciudad de apenas 280.000 habitantes— originalmente solo para acomodar a Michel Ancel y Frédéric Houde, los creadores de Rayman, en su estructura.

4. Mantienen la relación con sus antiguos empleados

Pero quizás la lección más importante que podemos extraer de la historia de Ubisoft es intentar mantener la mejor relación posible con todos los empleados que alguna vez fueron parte de tu compañía.

Si Ancel no hubiera presentado el prototipo de Rayman a sus antiguos jefes en 1994 —seis años después de dejar la compañía— y estos no hubieran apostado por él, no habrían disfrutado del masivo éxito que tuvo el título en 1995, que les permitió empezar a cotizar en Bolsa en 1996. Sin la inyección de capital que eso supuso nunca hubieran podido

---

[11]   <https://en.wikipedia.org/wiki/List_of_Ubisoft_subsidiaries>.

comprar Red Storm ni fundar Ubisoft Montreal, los dos estudios responsables de sagas como Splinter Cell, Far Cry, Prince of Persia o Assassin's
Creed, que acabaron de convertir a la pequeña tienda de informática de
los hermanos Guillemot en la potencia del ocio digital que es hoy.

AÑOS 90

22
EL JUEGO DE MI VIDA
4 de septiembre de 2016

Algunas obras maestras tienen el poder de ejercer tal influencia en nuestra vida como para ponerla patas arriba y cambiarla por completo. Puede ser un libro, un cuadro, un edificio o también —¿por qué no?— una pieza de software, un videojuego. Puede que vosotros necesitéis un par de minutos para recordar alguno que pudiera marcaros para siempre, pero yo no dudaría ni un segundo. Civilization, de **Sid Meier**, es el juego de mi vida.

Civilization es un juego de estrategia por turnos en el que tu objetivo, como gran líder, es conseguir que tu civilización sobreviva y florezca desde el año 4.000 a. C. hasta la conquista del espacio.

Ha vendido 33 millones de copias de sus más de 66 versiones —por contextualizar, un fenómeno social como «Los Sims» *apenas* vendió 16—; sin embargo, el juego no contó con el apoyo de **Microprose**, la compañía en la que trabajaban sus desarrolladores, y nació impulsado solo por el empeño de los mismos —Bruce Shelley y el propio Meier— en septiembre de 1991, hace exactamente veinticinco años.

Tiempo suficiente para recibir un merecido homenaje revisando la intrahistoria detrás de las líneas de código. Porque **el desarrollo de Civilization nos puede enseñar mucho, más allá del mero diseño de juegos. Es una biblia de** *Product Management*, plagada de decisiones de diseño y metodologías de trabajo que hoy siguen vigentes y, hace veinticinco años, fueron revolucionarias.

Su construcción fue iterativa e incremental. El primer prototipo jugable estaba listo en mayo de 1990, quince meses antes de su lanzamiento. Durante todo ese tiempo, Shelley probaba la última versión del juego por la mañana, sugiriendo cambios y mejoras que Meier implementaba por la tarde. Repitieron ese ciclo hasta que la jugabilidad del juego fue, sencillamente, perfecta. El juego es tan adictivo que generó el fenómeno «one more turn», consiguiendo que millones de jugadores permanecieran pegados a la pantalla durante horas mientras se prometían a sí mismos que solo jugarían «un turno más».

Para lograrlo, no les tembló el pulso a la hora de desechar mecánicas de juego que añadían más complejidad que diversión: disminuyeron el tamaño del mapa, borraron una rama entera del árbol de tecnologías y hasta eliminaron ciertos comportamientos de la inteligencia artificial de las unidades enemigas que no acababan de rematar. **Civilization hizo** que muchos aprendiéramos que una funcionalidad no debe implementarse solo por el hecho de poder hacerlo. Menos es más.

El proceso de *onboarding* también era delicioso. Al investigar nuevas tecnologías, podías crear unidades más modernas con nuevas funcionalidades. De esa manera, consiguieron que el jugador no se sintiera abrumado con todas las posibilidades del título, algo que hoy podemos ver en la UX de muchas herramientas de software.

Y se tomaron decisiones de diseño que afectaban directamente al juego, solamente por mejorar la usabilidad. El número de facciones en lucha se limitó a 16 porque ese era el máximo de colores que podían representar en pantalla las tarjetas gráficas EGA que aún se usaban en la época.

Por todo eso y mucho más, Sid Meier es considerado uno de los mejores diseñadores de juegos de la historia y, a pesar de todo, siempre ha tenido la humildad de reconocer que su obra maestra no fue un producto de su ingenio sino del proceso de copia, integración y mejora que los japoneses llaman *iitoko-tori*.[1] Civilization era una mezcla de Populous de **Peter Molyneaux**, SimCity de **Will Wright**, Railroad Tycoon del propio Meier y el juego de mesa Risk... que consiguió superar a todos ellos.

El juego sobrevivió al cierre de la compañía en la que nació. En 1996, Meier fundó **Firaxis Games**, junto con otros antiguos trabajadores de Microprose, donde continuó creando nuevos títulos como Alpha Centauri, el remake de XCOM... y seis nuevas versiones de Civilization. Bruce Shelley fundó **Ensemble Studios**, donde empezó a desarrollar un juego de estrategia en tiempo real que acabaría llamándose Age of Empires... pero eso es otra historia.

Civilization no solo consiguió que me enamorara definitivamente de los videojuegos sino que, por primera vez, despertó en mí el interés por el código que los hacía funcionar. Fueron unos primeros pasos titubeantes, editando a mano ficheros de configuración, pero ver cómo mis cambios aparecían en el juego me parecía sencillamente *majia*. Aún hoy me lo

---

[1] <https://medium.com/@david_bonilla/how-to-design-if-you-suck-at-design-7c5f507c2f13#.7gre502dc>.

sigue pareciendo y, gracias DosBox[2] y a las páginas de *abandonware*[3], sigo disfrutando y aprendiendo del juego de mi vida como el niño que nunca quiero dejar de ser. *One more turn!*

---

[2]   <https://www.dosbox.com/download.php?main=1>.

[3]   <http://www.abandonia.com/en/games/14/civilization.html>.

23
EL CÓDIGO DE MASAHIRO
14 de julio de 2024

Tokio. 1992. Masahiro Hara estaba bloqueado. Nunca se había enfrentado a un desafío como el que tenía por delante.

Desde que entró a trabajar en Denso, hacía ya doce años, la fabricación de componentes para la industria automotriz se había vuelto mucho más compleja. Al identificar las distintas piezas que contenía un pedido, los operarios tenían que leer varios códigos de barras, porque cada uno identificaba solo un único componente. Una tarea repetitiva y pesada, que se repetía miles de veces a lo largo de cada día.

Su responsable le pidió que desarrollara un nuevo sistema de codificación que incluyera toda la información de un pedido y, además, se leyera rápidamente. Hara lo había probado todo, pero cada paso que daba para aumentar el volumen de datos codificados —por ejemplo, probar a almacenar información en un código de dos dimensiones en vez de una— dificultaba su lectura.

Un día, el joven Takayuki —un ingeniero novato, que acaba de entrar a la empresa y le habían asignado como primer y único miembro de su equipo— le sugirió que salieran a comer fuera para despejarse un poco.

La verdad es que funcionó. La vida parecía más amable con unos deliciosos fideos soba con curry y un par de cervezas en el estómago. Hasta se animó a echar una partida de Go con Takayuki después de la comida. De repente, cuando apenas llevaban cuarenta movimientos, al contemplar el tablero una idea chisporroteó en su cabeza.

—Da igual que las piezas no estén perfectamente colocadas en su intersección ¡sabemos dónde están por las que las rodean! —dijo Hara mientras su ayudante le observaba sin saber muy bien si completar su jugada con la pieza blanca que tenía en la mano—. Vámonos a la oficina.

Takayuki y Masahiro trabajaron incansablemente hasta acabar un prototipo que codificaba información en los cuadrados blancos y negros que componían una matriz de 21 x 21 en la que podían codificar hasta 41 caracteres numéricos en vez de los 12 que incluía un código UPC estándar y al que, además, aplicaron el sistema de corrección de errores Reed-Solomon para que siguiera siendo legible, aunque se dañara hasta el 30 por ciento de la información.

Pero no solo podían codificar caracteres numéricos, también alfanuméricos y... ¡hasta kanjis japoneses! La versión 4, una matriz de 33 x 33, llegaba hasta los 114 caracteres. 50, si aplicaban el máximo nivel de control de errores. Hara estaba entusiasmado, así que, empezó a hacer pruebas en un entorno real, la cadena de producción de Denso. Desgraciadamente, las cámaras de prueba no eran capaces de leer la información cuando captaban el código con cierto ángulo.

Parecía que Masahiro había entrado de nuevo en un callejón sin salida. Volviendo a casa del trabajo, se fijó en un edificio que destacaba sobre el resto. Siempre había estado ahí, pero por algún motivo nunca le había llamado la atención. Hasta ese momento. En la azotea, tenía un patrón geométrico que le hacía distinguirse del resto y le dio otra idea: usar un patrón fijo que ayudara a las máquinas a identificar y situar su nuevo código.

Funcionaba. Haciendo pruebas, Takayuki y él comprobaron que las máquinas identificaban mejor la matriz cuando colocaban un patrón en, al menos, 3 de las esquinas. Hasta 10 veces más rápido que otros códigos. Ya sabían lo que tenían que hacer, pero ¿qué patrón podían usar para que fuera inconfundible?

Se pasaron tres meses analizando materiales impresos de todo el mundo —revistas, periódicos, libros— y encontraron un patrón que no se usaba casi nunca: cuadrados con ratio 1:1:3:1:1. Línea negra, línea blanca, cuadrado central 3 veces más ancho que las líneas, línea blanca y línea negra. Lo tenían. **En 1994 —hace exactamente treinta años— nacía el código QR o** *quick response.*

Cuando les presentó el proyecto, los jefazos de Denso no supieron ver el potencial del proyecto, pero Hara hizo un par de demos a potenciales clientes y la respuesta fue tan positiva que la dirección de la empresa decidió apoyar la nueva tecnología.

Como la principal fuente de ingresos de Denso era la fabricación, dedujeron que la mejor forma de rentabilizar el invento de Masahiro era fabricando y vendiendo lectores QR, no mediante licencias del sistema. Así que tomaron **una decisión que sería clave para que el QR disfrutara de una adopción masiva: liberaron la tecnología**. La patentaron, para prevenir que otros lo hicieran, pero no cobrarían por su uso.

Tanto Masahiro como sus responsables en Denso creían que el QR se usaría exclusivamente en un contexto logístico. Estaban equivocados. Pronto, las cámaras de los móviles alcanzaron la calidad suficiente como para funcionar como verdaderos escáneres ópticos y, por tanto, poder decodificar QR.

En 2001 Sharp empezó a vender teléfonos con una aplicación que los leía y, en 2002, su uso se generalizó entre el gran público japonés porque se puso de moda su uso en acciones de *marketing*. La gente podía acceder a webs o a cupones de descuento simplemente escaneando los QR impresos en los anuncios con la cámara de su móvil.

En Occidente su adopción fue más lenta hasta que, en 2011, con la «crisis de las vacas locas», las autoridades sanitarias necesitaron un sistema de código de barras que permitiera incluir toda la información de trazabilidad de los animales. El QR fue la solución que adoptaron.

Pero su popularización definitiva llegó en 2017 cuando, con la versión 11 del sistema operativo iOS de Apple, el escaneo de códigos QR se convirtió en una funcionalidad nativa de las cámaras de todos los iPhone. Google hizo lo mismo, poco tiempo después, con la versión 8.0 de Android.

En 2020, cuando estalla el COVID-19, los «pasaportes sanitarios» que contenían los datos de vacunación de la población no eran más que códigos QR con un conjunto de campos consensuados entre las diferentes administraciones. También fueron empleados de forma masiva para acceder a los menús digitales que sustituyeron a las cartas impresas en los restaurantes. El código de Denso abandonaba definitivamente los entornos profesionales para llegar al gran público.

En 2024, treinta años después de su lanzamiento, el QR se usa miles de millones de veces al día. Tanto para procesar pagos instantáneos como para determinar la posición de objetos en entornos de realidad aumentada.

Y treinta años después, Masahiro —que nunca se lucró con su invento— aún sigue trabajando en Denso como director general de su Departamento 2 de Ingeniería. Con la jubilación a la vuelta de la esquina, ha declarado que cuando deje de trabajar le gustaría dedicarse a «cultivar nuevas variedades de frutas y vegetales, con mejor sabor que las actuales». La verdad, tras toda una vida trabajando y treinta años después de inventar algo que modeló el mundo tal y como ahora lo conocemos, Hara-san se ha ganado poder hacer lo que le dé la gana.

24
EL SOFTWARE MÁS USADO (Y MÁS IGNORADO) DE TU ORDENADOR
26 de septiembre de 2019

Ocurrió exactamente hace exactamente veinticinco años, el 29 de septiembre de 1994.

Un grupito de ingenieros de Sun Microsystems esperaba en silencio a que le dieran paso a la sala de reuniones, donde presentarían el proyecto en el que habían estado trabajando en los últimos meses ante los directivos que debían decidir si la empresa seguiría financiándolo o lo cerraría. Se miraban nerviosamente entre sí, sin que ninguno consiguiera sostener la mirada de otro. Si la presentación salía mal, podrían perder sus empleos. Si salía bien... solo era un prototipo, pero era un prototipo prometedor.

La puerta se abrió y un joven asistente se dirigió hacia ellos. Aunque algunos llevaban en la compañía casi desde su fundación y tenían edad suficiente como para ser los padres y madres del muchacho, no pudieron evitar ponerse de pie como un resorte. Era evidente que se sentían mucho más cómodos en su laboratorio que pisando la moqueta de las plantas nobles. «Pueden pasar, les están esperando».

El «proyecto» era WebRunner[1], **el primer navegador web construido con Java y —lo que es más importante— capaz de ejecutarlo** si encon-

---

[1]   <https://en.wikipedia.org/wiki/HotJava>.

traba un programa, escrito con este lenguaje, incrustado en una página web, algo que llamaron «applet». Y, aunque ese grupo de ingenieros no podía saberlo, iba a cambiar Internet y el desarrollo de software para siempre.

WebRunner era una castaña —carecía de muchas funcionalidades de las que sí disponían otros navegadores contemporáneos y debido a las limitaciones de las implementaciones de la época de la Java Virtual Machine—, era más lento que el caballo del malo, pero **mostró por primera vez el futuro del software comercial**: aplicaciones web con una interfaz rica, complementada por lógica de negocio y persistencia en servidor, que no necesitaban instalación y, con una única base de código, disponibles en cualquier dispositivo que contara con un navegador y una conexión *online*. JavaScript no llegó hasta un año después, en 1995[2], como resultado de una alianza entre Netscape y Sun que, a la larga, acabó con WebRunner y los applets.

Veinticinco años después, a nivel corporativo, las aplicaciones web son la norma, no la excepción. Las aplicaciones nativas se limitan a los casos de uso donde hace falta un uso exhaustivo del hardware gráfico del ordenador

---

[2]   <https://medium.com/@benastontweet/lesson-1a-the-history-of-javascript-8c1ce3bffb17>.

o se quiere garantizar que la aplicación será funcional a pesar de que no haya conexión a Internet. Las aplicaciones web popularizaron el pago por uso o *Software as a Service* (SaaS), crearon un modelo de negocio para el *software open source* —al permitir ofrecerlo como servicio— y acabaron con la piratería de software empresarial. Poco a poco, **el navegador se convirtió en la aplicación más usada del mundo —4.500 millones de personas, el 58 por ciento de la población mundial, se conecta a Internet usando un navegador— y, también, una de las más ignoradas e infravaloradas**.

Y es que cualquier *muggle* advertiría el más mínimo cambio introducido en la interfaz de WhatsApp, pero prácticamente ninguno sabe qué es un motor de renderizado[3] o que el más mínimo cambio en el mismo podría afectar al aspecto de la inmensa mayoría de aplicaciones que usa en su día a día. Y pocos saben que hay vida más allá de Chrome —el navegador más popular del mundo, con un 64 por ciento de cuota de mercado[4]— y sus principales competidores: Safari (15,5 por ciento) y Firefox (4,5 por ciento). Sin embargo, sí hay muchas más opciones y, aunque nadie discute que Chrome pueda ser la mejor, **sin una elección informada, estamos dejando que alguien decida por nosotros, y esa decisión puede estar basada en nuestros intereses... o en otros**. Hoy, deberíamos hablar de navegadores.

Archivos. Detrás de los fuegos de artificio y la MAJIA, lo que realmente hay detrás de Internet son archivos que descargamos de servidores remotos (imágenes, HTML, JavaScript, vídeos...) que incluyen instrucciones para que nuestro navegador *pinte* o renderice localmente toda esa información de una forma determinada. Un motor de renderizado es un software extremadamente complejo, por eso apenas hay un puñado que se sigan desarrollando y actualizando, y son usados por todos los navegadores modernos: **WebKit** (Safari), **Blink** (Chrome) —que es fork[5] del primero—, **Gecko** (Firefox) y **Goanna** (Pale Moon) que, a su vez, está basado en Gecko.

---

[3]   <https://en.wikipedia.org/wiki/Browser_engine>.

[4]   <https://en.wikipedia.org/wiki/Usage_share_of_web_browsers>.

[5]   <https://es.wikipedia.org/wiki/Bifurcaci%C3%B3n_(desarrollo_de_software)>.

Además del motor de renderizado, los navegadores cuentan también con <u>un motor de JavaScript</u>[6] que se encarga de ejecutar el código JavaScript de una página web y permite que disfrutemos de esas interfaces ricas y dinámicas que empezamos a ver con WebRunner en vez de meras páginas estáticas. Los principales motores: **V8** (Google), **SpiderMonkey** (Mozilla), **Chakra** (Microsoft) y **JavaScriptCore** (Apple).

Pero más allá de motores comunes de renderizado y JavaScript, **cada navegador desarrolla una capa de funcionalidades propias que deberíamos tener en cuenta**. Chrome cuenta con claves de API para algunos servicios de Google, un reproductor Flash integrado y codecs para reproducir vídeos en formato H.264. <u>Microsoft Edge</u>[7], que está basado en la plataforma Chromium (Blink/V8) al igual que Chrome, incluye integración con el asistente virtual Cortana y sus extensiones están alojadas en la Microsoft Store. <u>Brave</u>[8], también basado en Chromium, propone algo aún más revolucionario: **bloquear toda publicidad basada en el rastreo de tu actividad** *online* **por parte de terceras empresas** y pagarte por ver publicidad que se segmentaría en base a datos almacenados en tu ordenador y, por tanto, no accesibles para nadie más. ¿De verdad sigues pensando que todos los navegadores son iguales?

Además de las funcionalidades, **tu elección de navegador también dictará en qué empresa u organización confiarás la privacidad de tus datos.** ¿En una organización sin ánimo de lucro como la Mozilla Foundation, en una empresa noruega controlada por capital chino como Opera o en compañías americanas —como Microsoft, Google o Apple— que deben responder ante los designios de la todopoderosa NSA? Y es una elección importante, porque tu navegador no solo controla cada bit de información —cada contraseña, cada correo, cada dato— que envías desde el mismo, sino que **también puede modificar,**

---

[6]   <https://en.wikipedia.org/wiki/JavaScript_engine>.
[7]   <https://en.wikipedia.org/wiki/Microsoft_Edge>.
[8]   <https://en.wikipedia.org/wiki/Brave_(web_browser)>.

sin que te des cuenta, la información que recibes. Lo sé porque <u>yo lo he hecho</u>[9].

Sería muy peligroso que una aplicación con semejante poder acabara en un monopolio u oligopolio. Al contrario, **nos interesa que el mercado de los navegadores sea lo más fragmentado y competitivo posible, quizás no como técnicos, pero sí como consumidores y ciudadanos**.

Como técnicos, nos interesa que exista la mayor homogeneidad posible. Cualquier veterano de <u>las Browser Wars</u>[10] no pudo evitar echarse a temblar cuando Google decidió hacer un *fork* de ese *patrón oro* del desarrollo web que llegó a ser WebKit, recordando los horrores pasados al intentar adaptar código HTML a Internet Explorer 6 y los compañeros caídos en la batalla. Pero **esa homogeneidad no puede llegar sustrayendo opciones al consumidor sino a través de la adopción de estándares**. Esa es la clave.

Como consumidores, nos interesa tener siempre el mayor número posible de opciones para elegir. Que haya una competencia sana que fomente la innovación y la creación de valor para los usuarios.

Como ciudadanos, no tenemos por qué convertirnos en expertos en navegadores, pero sí en personas conscientes de cómo funcionan las herramientas que usan y hasta qué punto puede afectarles ese uso. Personas con la información suficiente para poder elegir. Para programar en vez de ser programados.

---

[9]   <https://www.vidaextra.com/pc/powerup-de-otogami-encuentra-el-mejor-precio-para-los-juegos-con-esta-extension>.

[10]   <https://en.wikipedia.org/wiki/Browser_wars>.

25
LOS «BEASTIE BOYS» DE MICROSOFT
18 de abril de 2021

En los años noventa, tres hombres cambiaron Microsoft y la industria de los videojuegos para siempre. Esta es su historia

A pesar de estar en su funeral, aún no podía creer que mi amigo y antiguo compañero Eric hubiera muerto, con apenas cincuenta y cinco años, por las complicaciones surgidas tras un absurdo accidente en el taller de su casa. Dejaba mujer y cuatro hijos.

En el púlpito, Alex recordaba algunas de las mejores anécdotas, como la «cena vikinga» a la que se empeñó en invitarnos a ambos, arrancando las risas de los asistentes. La famosa «cena» era una reunión de acartonados académicos, pero Eric nos convenció para llevar cascos con cuernos y, cuando empezó a llegar la comida, empezó a tirársela al resto de los comensales —como se suponía que haría un auténtico vikingo— ante la mirada atónita de los asistentes, que no dudaron en sumarse a lo que se convirtió en una auténtica batalla campal.

Alex seguía siendo el mismo encantador hijo de perra de siempre. Capaz de conseguir que cualquiera lo siguiera hasta el Infierno y, también, de sacrificarlo si fuera necesario para alcanzar su objetivo. Nunca

sabré si logramos lo imposible gracias a su forma de ser; o si se convirtió en ese ser, capaz de robar el protagonismo a un muerto en su propio funeral, por lograrlo.

Habíamos sudado sangre durante interminables horas de trabajo junto a él y Eric, pero no podía evitar sentirme cada vez más alejado de Alex. El mundo había cambiado, yo había cambiado, pero mi antiguo camarada en Microsoft seguía anclado en un mundo que ya no existía. Sentí que me faltaba el aire, así que salí de la capilla lo más discretamente que pude y me senté en el primer banco del parque que encontré.

Cuando me desanudé la corbata y respiré un par de bocanadas del frío aire de diciembre, pude recuperar un poco la compostura y me di cuenta de que no estaba solo. A mi lado, había un adolescente desgarbado.

—¿Está bien señor? —dijo observándome con tanta preocupación como curiosidad.

Llevaba ropa holgada, al estilo hip-hop, y en las manos tenía una tablet donde se apreciaban los inconfundibles bloques de «Minecraft». No pude evitar sonreír al pensar en Eric. Se hubiera partido de risa por la coincidencia.

—Estoy bien, gracias —le contesté—, ¿te gustan el rap y los videojuegos?

—Mmm... sí ¿por?

—Porque me has recordado a un viejo amigo. Alguien con el que, por loco que te parezca, hace mucho tiempo me embarqué en **una aventura que cambió el mundo de los videojuegos para siempre** y, probablemente, permitió que hoy puedas jugar a tu título favorito en ese iPad. ¿Quieres que te cuente una historia?

No era la primera vez que Alex se jugaba su puesto, pero si era la primera que Eric y yo arriesgábamos el nuestro.

Solo tres meses después de haber empezado a trabajar en Microsoft, cuando apenas tenía veinticinco años, su jefe le pidió que atendiera a un periodista de *Infoweek* —una de las principales publicaciones de la época— que quería información sobre las capacidades de edición de documentos del futuro Windows 95.

Alex nunca había hablado con la prensa y no había recibido ningún tipo de indicación al respecto, así que fue completamente honesto y declaró: «Sí, la impresión en Windows 95 no funciona muy bien, pero vamos a arreglarla y a hacer algunas mejoras importantes». También le preguntaron por la competencia de Apple y no se le ocurrió otra cosa que reconocer que «Windows 3.1 es claramente inferior en este área respecto al Macintosh». En la portada de su siguiente número, *Infoweek* titulaba: «El ejecutivo de Microsoft Alex St. John declara que "Mac es una plataforma superior a Windows para la edición de documentos"». Cuando Alex llegó a la oficina y encendió su ordenador, descubrió que tenía un mail del mismísimo Bill Gates.

«¿En qué demonios estabas pensando? ¿Nunca has oído hablar del Departamento de Comunicación? No puedo creer que hicieras ese tipo de comentarios a la prensa. Tenemos la mejor arquitectura de edición, superior a la de Macintosh. No sabes de lo que estás hablando». Mientras releía el correo, el jefe de Alex se acercó a su mesa,

—Lo siento chico. Puede que tenga que despedirte —le dijo, completamente pálido.

Alex estaba hecho polvo, se fue a dar una vuelta por el campus de Microsoft para asumir todo lo que estaba pasando y pensar qué haría con su carrera después de que le echaran. Aquel fue un momento crucial en su carrera, porque mientras paseaba llegó a una conclusión: es verdad que había actuado como un pardillo, pero no había dicho ninguna estupidez. ¿De verdad se creía Gates todo eso que le había escrito?

Dando por hecho que iban a despedirle y no tenía nada que perder, volvió a su ordenador y contestó el correo de Gates. «Lamento haberte decepcionado, no debería haber hablado así con la prensa, pero ¿de qué demonios estás hablando tú? Nuestro sistema operativo es un completo desastre para editar e imprimir documentos y quien te haya dicho lo contrario, te está tomando el pelo, Bill». Gates reenvío el correo a los principales ejecutivos de Microsoft añadiendo algo así como «Contratamos a este chico como experto de la industria de edición y dice que me habéis estado mintiendo todo el rato, diciéndome que éramos mejor que Apple y resulta que, comparándola con la de ellos, nuestra arquitectura de impresión es una mierda». Un montón de jefes aparecieron por la oficina de Alex para reprocharle a gritos su atrevimiento y que les abochornara de esa manera delante de Gates, pero este —sintiéndose despedido— les mandó a todos a la mierda y no dio su brazo a torcer.

Sin embargo, no despidieron a Alex, sino que empezaron a convocarle a reuniones para discutir sobre las funcionalidades de edición para que les explicara cómo arreglarla y rogarle que no le dijera más a Bill que eran unos incompetentes. Alex acabó transformando la arquitectura de impresión de Windows y consiguiendo que empresas como Adobe llevaran su software a Windows 95, lo que le hizo ganar mucho poder, credibilidad con Gates y —también— la enemistad de muchos ejecutivos de la compañía, algo que le pasaría factura en el futuro.

Pero lo más importante que Alex sacó de esta experiencia fue la determinación para ir más allá de lo razonable y el coraje necesario para mantenerse firme contra el mundo entero si hiciera falta cuando creía que tenía la razón. Sin ambos, probablemente el «Proyecto Manhattan» jamás hubiera salido adelante.

Tomándonos la diversión (muy) en serio

A principios de los 90, **Windows era el sistema operativo líder en el sector de la ofimática, pero no pintaba nada en el mundo de los juegos**. En 1994 se publicaron un montón de juegazos que acabaron convirtiéndose en clásicos: Descent, DOOM II, The Elder Scrolls: Arena, Star Wars: TIE Fighter, System Shock, UFO: Enemy Unknown, Warcraft: Orcs & Humans... todos eran títulos exclusivos para PC, pero ninguno se desarrolló para Windows 3.1 sino para su predecesor, el MS-DOS.

Windows se interponía entre el código y el hardware, ralentizando los gráficos y animaciones. Por eso, los desarrolladores de videojuegos preferían trabajar con el sistema operativo DOS, que no entorpecía su trabajo.

Toda la compañía se preparaba para el lanzamiento más importante de la historia de la compañía, Windows 95, y todos apostaban por enfocar al nuevo sistema operativo a la reproducción de vídeos y los incipientes CD multimedia. Todos, menos tres jóvenes ingenieros —Alex St. John, Eric Engstrom y yo mismo, Craig Eisler— que nos habíamos hecho amigos en el gimnasio del campus de Redmond.

Apple ya nos había comido la tostada en ese sector. QuickTime era el mejor software del mercado para reproducir vídeos e intentar superarlo sería un esfuerzo en vano que no nos aportaría ningún beneficio. Sin embargo, había un área donde éramos superiores a la empresa de Cupertino: los videojuegos.

DOS contaba con miles de títulos muy populares. **Si de verdad queríamos que Windows 95 fuera un producto de masas, teníamos que conseguir que también contara con juegos**. Y, si de verdad queríamos ser percibidos como líderes en multimedia, no debíamos enfocarnos en el vídeo sino en el entretenimiento. Windows 95 necesitaba un SDK, un kit para desarrollar juegos.

Entre levantamiento y levantamiento de pesas, convencimos a Eric —a quien no le gustaban especialmente los videojuegos—para que participara en el proyecto. Lo llamamos «Proyecto Manhattan» —como el programa de investigación atómica de la década de los cuarenta que desarrolló las primeras armas nucleares del mundo— y elegimos un símbolo de radiación como logotipo porque, por muy políticamente incorrecto que sonara, queríamos barrer a los japoneses del mapa. Al menos, del mapa de los videojuegos.

Creíamos que los gráficos 3D —que hasta ese momento solo podían ejecutar los superordenadores de Silicon Graphics— podrían convertir al PC en la plataforma de *gaming* más potente y escalable del mercado, por encima de las consolas japonesas que lideraban el mundo del videojuego.

Para conseguirlo, necesitábamos que hacer juegos fuera más sencillo, evitando que los desarrolladores tuvieran que adaptar sus títulos para que funcionaran con los controladores de cada fabricante de tarjetas gráficas y consiguiendo que el sistema operativo no frenara su rendimiento.

Diseñamos **un conjunto de API que permitirían a los desarrolladores trabajar directamente con el hardware, sin tener que lidiar con las restricciones de Windows, y que cada fabricante podría implementar para adaptarlas a sus propios controladores**. Trabajamos en un prototipo durante algún tiempo, utilizando nuestro tiempo libre y el apoyo de algunos *freelancers* que Alex subcontrató, asignando su coste de tapadillo al presupuesto de otras iniciativas.

Presentamos nuestras ideas y las primeras conclusiones que extrajimos de nuestro prototipo en una presentación que llamamos «Taking Fun Seriously» y mostramos a la dirección. Educadamente, nos dieron las gracias por el esfuerzo y poco más, porque **en Microsoft no se contemplaba a Windows 95 como una plataforma de videojuegos**.

EL PUNTO DE NO RETORNO

Alex preguntó a su manager de aquel entonces —Rick Siegal, un veterano bastante majo con muchos *tiros pegaos* en la compañía—si podría ayudarle a conseguir recursos para el proyecto. Su respuesta nos marcó para siempre.

—No sé ni para qué me preguntas Alex. Ya sabes que si quieres que algo pase en Microsoft, simplemente debes hacerlo. Si la cagas, te despedirán y si no tienes el coraje suficiente como para arriesgarte a que te despidan, no eres la persona adecuada para hacerlo. Así que la respuesta es NO.

Decidimos seguir adelante a pesar de no contar con ningún apoyo. Sabíamos que nos estábamos jugando nuestra carrera. Si en un año no hacíamos algo que realmente moviera la aguja, no tendríamos respuesta cuando la gente empezara a preguntarnos en qué nos habíamos gastado millones de dólares y quién había dado la aprobación para hacerlo.

En diciembre de 1994 invitamos a algunos de los mejores desarrolladores de videojuegos a las oficinas centrales de Microsoft para mostrarles el prototipo de nuestro SDK, recoger su opinión e ideas sobre qué podíamos añadir y mejorar. Lo que vieron les gustó bastante, al menos bastante para que la compañía nos dejara seguir trabajando en el proyecto.

Empezamos a trabajar en plenas navidades y, durante dos meses, vivimos —literalmente— en el Edificio 20 del campus de Redmond. Teníamos una misión que cumplir y los politiqueos y convenciones no nos importaban una mierda, así que empezamos a ignorar a todo —y a todos— lo que nos apartara de ella. Éramos tan desagradables con todos los idiotas con carguito que exigían absurdos informes o presentaciones para controlar lo que estábamos haciendo que Brad Silverberg —por aquel entonces, responsable de negocio de Windows— tuvo que defendernos frecuentemente ante los directivos que exigían nuestro despido y empezó a llamarnos los «Beastie Boys», como <u>los famosos raperos de los 80</u>[1].

En apenas cuatro meses, gracias al *feedback* y apoyo de varios fabricantes de hardware, desarrollamos tres API para la primera versión de nuestro SDK: DirectDraw para la gestión de gráficos 2D, DirectSound, para la gestión de sonido y DirectInput —que implementé yo— para la gestión de controladores como joysticks, ratones o teclados.

Acabamos la beta minutos antes de la hora límite para poder presentarla en la Games Developer Conference, que se celebraba el 22 de abril.

---

[1]   <https://www.youtube.com/watch?v=z5rRZdiu1UE>.

Recuerdo ir a 150 km/h por la carretera 405 en el Mazda RX7 de Eric, para llegar a la oficina de FedEx y enviar los CD a la feria antes de que cerraran. Tuve que aporrear la puerta, pero nos atendieron. El software llegó a la GDC apenas un par de horas antes de que supuestamente tuviéramos que subir al escenario para presentarlo.

Una vez allí, los organizadores del evento se negaron a permitirnos que usáramos la conferencia para anunciar el producto, así que a Alex no se le ocurrió otra cosa que alquilar el parque de atracciones Great America y organizar una fiesta a la que acudieron 1.500 desarrolladores. Como puedes imaginar, la factura del bar fue ENORME.

Afortunadamente, la presentación fue todo un éxito. Un periodista que la cubrió, al comprobar que el nombre de todas las API comenzaba por Direct, **empezó a llamar DirectX a nuestro SDK**. A todos nos gustó el nombre y así se quedó.

El 24 de agosto de 1995 se lanzó Windows 95[2] y, apenas un mes después, el 30 de septiembre publicamos DirectX. Ese tiempo desde abril hasta septiembre no es más que un inmenso borrón en mi memoria. Acabé con una úlcera y 12 kilos de más, pero lo conseguimos. En las navidades de 1995, solo un año después de empezar a trabajar en nuestro prototipo, se lanzaron un puñado de juegos para Windows 95.

Poco después le ofrecimos a John Carmack portar gratis sus juegos «DOOM» y «DOOM II» de DOS a Windows y, viendo que no tenía nada que perder, nos dio acceso al código. «DOOM95» no solo corría excepcionalmente bien sino que era bastante superior a la versión en DOS. Éramos capaces de renderizar el juego a 640 x 480 y usar 24 canales de audio suplementarios. Todo gracias a las API de DirectX. Hasta Bill Gates se involucró en la promoción del juego —y de Windows, como plataforma de *gaming*— en un vídeo en el que salía pegando tiros con una escopeta recortada[3]. Habíamos triunfado.

Entonces nos dimos cuenta de que **solo con el PC no podríamos conquistar la industria del videojuego**.

2 <https://www.youtube.com/watch?v=lAkuJXGldrM>.
3 <https://www.youtube.com/watch?v=b2V9TFrmQ_Q>.

La consola de Bill

Bill Gates se reunió con Noboyuki Idei —presidente de Sony— y le ofreció que usaran sus herramientas de desarrollo para la nueva PS2, que también empezó a desarrollarse a finales de 1994. Idei rechazó amablemente la propuesta de Gates, que volvió a Redmond con una idea fija en la cabeza: Sony quería que la PS2 fuera mucho más que una simple consola de videojuegos para convertirse en el centro del entretenimiento multimedia de la casa y, potencialmente, en el ordenador de la misma... y lo iba a hacer con software propio, lo que la convertía en una amenaza para Microsoft. Lo que Gates no podía saber en ese momento era que, **gracias a los Beastie Boys, su software no iba a estar en una consola sino en dos**.

En un viaje de negocios del equipo de DirectX a Japón, James Spahn —evangelista de Microsoft en el país asiático— cerró una reunión de última hora con la directiva de Sega, incluyendo a Shoichiro Irimajiri —CEO de la compañía— y a Yu Suzuki, el creador de Virtua Fighter. Alex estaba agotado y no quería reunirse con ellos, pero Eric sugirió que le *vendieran* a Sega la idea de construir «una consola DirectX». Era una idea absurda y estúpida, pero unos meses después de la reunión **Sega accedió a usar el sistema operativo Windows CE en su nueva consola, la Dreamcast**.

La Dreamcast no sería suficiente para parar a Sony. Se lanza en 1998, pero no es el éxito instantáneo que esperaban en Sega. En gran parte por el tremendo *hype* que se estaba generando alrededor de la PS2, de la que se decía que era tan potente que podría servir como sistema de guiado de misiles y, su tecnología, calificada como «de interés militar», lo que impediría su exportación a países como China o Irán.

A pesar de todo, Microsoft decide plantar cara a la PS2 y llega a la conclusión de que si Sony no quiere usar el software de Microsoft en su hardware, a lo mejor Microsoft debería crear su propio hardware. Se da luz verde a desarrollar una consola basada en DirectX.

Gates preguntó si sería fácil convertir los juegos a la nueva consola. El equipo le dijo que la máquina sería compatible con Windows y las conversiones relativamente sencillas gracias a contar con unas DirectX comunes, principalmente porque creían que eso era lo que Gates quería escuchar. En realidad, Windows CE era una versión reducida de Windows que no era compatible con la última versión de DirectX.

Intentaron encajar Windows en la máquina, deshaciéndose de todos los módulos que no fueran estrictamente necesarios para ejecutar juegos, pero pronto llegaron a la conclusión de que el sistema operativo estaba demasiado acoplado y no podía ser optimizado, así que optaron por crear una especie de sistema operativo DirectX para **la nueva consola que empezó a denominarse DirectX Box y, después, simplemente Xbox**. Gates detestaba la idea de no usar Windows, pero cedió.

La PS2 se lanzó el 4 de marzo del 2000 en Japón y —como era de esperar— arrasó, convirtiéndose en la consola más vendida de la historia, con 155 millones de unidades vendidas.

El 15 de noviembre de 2001, apenas un año después del lanzamiento de la PS2 en Estados Unidos, **Microsoft puso a la venta la Xbox original, de la que consiguió vender 24 millones de unidades**. Puede parecer un sonoro fracaso ante el éxito de Sony, pero para entender el alcance del logro en esta primera incursión en los videojuegos, no hay que olvidar que la Dreamcast de Sega apenas vendió 9 millones y la GameCube —la alternativa de la mucho más establecida Nintendo— solo llegó a 22.

EPÍLOGO

Hoy, los videojuegos aportan a Microsoft alrededor de 12.000 millones de dólares al año y —en gran parte— fue gracias a nosotros, los Beastie Boys. Desgraciadamente ninguno de los tres disfrutamos de ese éxito.

Alex por fin consiguió que le echaran de Microsoft en 1997, después de gastarse 2 millones de dólares en una inmensa maqueta de una nave espacial para un evento promocional y contestar con un escueto «que os jodan» cuando le pidieron que justificara el gasto.

Eric dejó la compañía un par de años más tarde y yo en el 2000, aunque nuestras carreras profesionales volvieron a cruzarse un par de veces.

Primero en Aol y después —de nuevo— en Microsoft, a donde los dos volvimos.

Después de todos estos años no puedo evitar tener una sensación agridulce. Lo que conseguimos fue increíble, pero —al contrario que Alex— no creo que sea necesario pagar un peaje personal para alcanzar el éxito profesional, ni tampoco que esté dispuesto a volver a pagarlo.

Trabajamos miles de horas durante inacabables jornadas que hicieron que se resintieran tanto nuestra salud como nuestras relaciones personales. En aquel entonces, Eric y yo no teníamos pareja, pero Alex se divorció y perdió todo el contacto con su hija Millie, a la que lleva años sin ver.

Después de todo aquello me casé, tuve dos maravillosos hijos y **perdí mucho peso**[4]. Me siento **orgulloso de lo que hicimos, pero avergonzado de cómo lo hicimos**. Jamás debimos llevar a nuestro equipo al límite, pero para bien o para mal, lo hicimos.

El chico me contemplaba con los ojos muy abiertos y, cuando acabé de contarle la historia tardó unos segundos en reaccionar. Simplemente sonrió, se levantó, me puso la mano en el hombro y se fue. Nunca sabré si su mirada mostraba admiración o compasión.

---

[4] <https://www.instagram.com/p/CMuQiK6Jtcv/>.

26
¡GALLETAS!
5 de mayo de 2024

En 1994 Lou Montuilli inventó las *cookies*. Treinta años después, la inmensa mayoría de *muggles* —y más profesionales del sector informático de lo que podríamos pensar— siguen sin entender qué son o cómo funcionan exactamente.

Conocer **la historia de cómo fueron creadas** no solo es una estupenda oportunidad para evangelizar a nuestros suegros, padres o amigos, sino también para reventar las 400 capas de abstracción bajo las que enterramos nuestras aplicaciones web, **redescubrir los fundamentos de cómo funciona Internet y, sobre todo, por qué funciona así**.

Porque, debajo de Netflix, Amazon y Google —detrás de YouTube, la web de Renfe o WordPress— Internet no deja de ser un montón de ordenadores conectados para intercambiar ficheros con información. El ordenador A pide al ordenador B una cosa y, si B lo tiene, decide si se lo entrega a A o no. Ni más ni menos. Así se concibió y, básicamente, así sigue siendo.

Otra cosa es que nos hayamos inventado un lenguaje de marcado (el HTML) para que esos ficheros no solo contengan información sino también cómo debe ser representada, que hayamos desarrollado «nave-

gadores» (programas capaces de entender ese HTML y renderizarlo), que lo hayamos extendido para hacer que esas peticiones no se hagan en texto plano sino cifradas (HTTPS) o para que el «fichero» de respuesta se descomponga en muchos trozos que se van entregando poco a poco (*streaming*)... y, también, para **poder conservar y compartir información entre distintas peticiones, gracias a las** cookies, lo que permitió que existiera Internet tal y como hoy lo conocemos.

WWW: WILD WILD WEST

A principios de los noventa, la red era el salvaje oeste. Antes de que la WWW —un invento pergeñado en un recóndito rincón de Europa— se impusiera, estaba muy fragmentada. Algunos sitios usaban Gopher, otros corrían sobre BBS e incluso existían redes cerradas, como CompuServe.

En aquella época, Montulli estudiaba en la universidad de Kansas y trabajaba a tiempo parcial, dando soporte técnico en su centro de computación. La institución se embarcó en un proyecto para crear un «sistema de información para el campus», lo que hoy llamaríamos una web. De la noche a la mañana, Lou se encontró en medio del apasionado debate internacional para intentar escribir las especificaciones técnicas —vía USENET— de este nuevo medio de comunicación digital.

En 1994, se funda Netscape y Montulli se convierte en uno de sus primeros empleados. Allí realiza aportaciones cruciales para el crecimiento de la web como los mismísimos formularios, a pesar de la oposición del mismísimo Tim Berners-Lee, que pensaba que toda interacción debía limitarse a elegir un enlace u otro.

De la petición a la sesión

Sin embargo, si el trabajo por el Lou pasará a la historia será por la invención de las cookies.

Recordemos que HTTP fue un protocolo creado para el intercambio de ficheros. No tiene estado, no tiene el concepto de sesión de trabajo, así que cada vez que una máquina se conecta con otra para solicitar un fichero es como si fuera la primera vez: petición y respuesta, punto.

Esto limitaba enormemente los servicios que podían proporcionarse a través de la web. Quizás el más obvio y, desde luego, el que más dinero podía generar, era el «carrito de la compra» virtual.

La compañía de telecomunicaciones MCI encargó a Netscape que desarrollara una aplicación de e-commerce, y como requisito exigió que el estado de las transacciones de compra no completadas no se almacenara en el servidor sino en el navegador de cada usuario.

Montulli y John Giannandrea empezaron a trabajar en posibles soluciones en el verano de 1994. La primera aproximación fue asignar un ID único a cada navegador que permitiera identificarlo inequívocamente a lo largo de varias peticiones, pero eso presentaba evidentes problemas de privacidad.

Tras descartar esa propuesta, Lou recordó un viejo truco para pasar un token —un pequeño fragmento de información sin significado por sí misma, pero que podía usarse para diferenciar al programa o usuario que la enviaba— en cada comunicación entre diferentes aplicaciones de un sistema operativo. En la documentación de C, a ese *token* se le denominaba «magic cookie»[1].

Inspirado por esas *magic cookies*, Lou esbozó una solución en apenas una semana: la posibilidad de acompañar cada petición/respuesta con metadatos escritos como una serie de pares de claves y valores (ej. *userID=pepito* o *sessionID=728*) hasta un máximo de 4KB de información, que se almacenaban como un fichero de texto en el navegador del usuario y que solo podía ser leída por el mismo y la web que los creara.

Sí, **nada más que un simple fichero de texto**, no una sofisticadísima tecnología de seguimiento que hackea nuestros ordenadores.

Cuando te identificabas en un sitio, este podía mandarte esos metadatos en la respuesta, que se almacenarían en tu ordenador y viajarían de nuevo en tus siguientes peticiones —de forma transparente para ti— para que no tuvieras que volver a hacerlo una y otra vez, pero ninguna otra web podría leerlos. Habían nacido las *cookies*.

La versión 0.9beta de Netscape, lanzada el 13 de octubre de 1994, fue el primer navegador que soportó *cookies*. El primer uso público de las mismas fue comprobar si los visitantes de la web de Netscape ya habían visitado previamente el sitio. Hasta ese momento, era imposible saberlo.

Por motivos obvios, el mercado recibió a las *cookies* con los brazos abiertos, incluida la competencia de Netscape. La versión 2 de Internet Explorer, lanzada en octubre de 1995, ya incluía soporte para las mismas.

El caso de uso que Montulli nunca imaginó

Como otros muchos avances tecnológicos, el uso de las *cookies* fue mucho más allá que lo que su inventor había previsto y, entre otras cosas, permitió la creación del mayor mercado publicitario del mundo.

---

[1] <https://en.wikipedia.org/wiki/Magic_cookie>.

El diseño de Montulli solo concebía una relación 1-1 entre el usuario y la web que creaba la cookie, pero no había contemplado una casuística que hacía que el mismo saltara por los aires.

Cuando haces una petición de una página HTML (por ejemplo, wikipedia.org) esta puede contener rutas a imágenes, que no dejan de ser otros ficheros que también hay que obtener. El navegador identifica todos esos ficheros necesarios para representar la información completa de la página y los solicita de forma transparente para el usuario. En el caso concreto de la Wikipedia, cada vez que se pide el fichero con la portada de la misma, se generan 48 peticiones desde nuestro navegador.

El problema es que esos ficheros —cuya ruta no deja de ser un hiperenlace— puede estar en otro servidor... que puede responder a la petición con sus propias cookies.

Apenas un año después del lanzamiento de las cookies, la agencia de publicidad online DoubleClick[2] descubrió que podía usar esos ficheros de imágenes para hacer exactamente el tipo de seguimiento de usuarios que Montulli había tratado de evitar.

Cuando un usuario visitaba una web, podía recibir cookies de la misma, pero también otra de un tercero que suministrara un banner publicitario o —peor aún— una imagen transparente de 1 pixel de ancho y otro de alto, insertada en la página con el único fin de hacer seguimiento del usuario. Si todas las webs implementaban el mismo servidor de anuncios —que, evidentemente, podía leer sus propias cookies— de repente era posible rastrear a los usuarios mientras navegaban por las mismas.

Al principio, lo que se pretendía con esas cookies era que los anunciantes pudieran saber cuántos visitantes únicos tenía una web, pero pronto se dieron cuenta que también podían saber por dónde habían navegado porque, en Internet, cada petición incluye el origen de la misma, si la ha hecho directamente el usuario... o una página en concreto. BOOM.

El grupo de trabajo de la IETF —la organización responsable de la definición de estándares en Internet— que estaba diseñando una espe-

---

[2]   <https://es.wikipedia.org/wiki/DoubleClick>.

cificación para las cookies y del que formaba parte el propio Montulli, se dio cuenta del potencial problema y publicó en febrero de 1997 la <u>RFC 2109</u>[3] en la que recomendaba que las cookies de terceros no se permitieran o, por lo menos, no estuvieran habilitadas por defecto. Para aquel entonces, las compañías publicitarias ya estaban usando las cookies y, para sorpresa de nadie, ni Netscape ni Explorer siguieron estas recomendaciones.

Esto es lo más relevante a la hora de entender cómo funcionan las cookies. Su diseño es seguro, otra cosa es el uso que se haga de las mismas. Porque **para poder emplearlas para registrar la actividad de los usuarios se requiere la colaboración necesaria de un montón de empresas**, no la siniestra intervención de hackers malignos.

En 2007, Google compró DoubleClick. El resto es historia.

Un mundo post-cookies

Las cookies se han visto sujetas a diversas regulaciones internacionales que han intentado proteger la privacidad de los usuarios con mejor o peor fortuna, pero **las** cookies **nunca fueron el problema, sino el uso que se ha hecho de las mismas. Entre otros, por los mismos medios de comunicación que se han encargado de demonizarlas en el imaginario colectivo**.

Para acabar con esa falsa concepción, lo primero que el público general debería conocer y asumir es que, **actualmente, no hace falta ninguna cookie para identificarnos inequívocamente con un altísimo margen de seguridad**. Porque cuando hacemos una petición, la misma no solo incluye el fichero que estamos pidiendo o los datos de las cookies que el sitio ya haya guardado en nuestro navegador sino <u>un montón de metadatos más</u>[4] que —en teoría— deberían servir para que el sitio pudiera darnos la mejor respuesta: qué navegador y qué versión del mismo usamos,

---

[3]   <https://datatracker.ietf.org/doc/html/rfc2109>.
[4]   <https://fingerprint.com/blog/browser-fingerprinting-techniques/>.

la resolución de nuestra pantalla, nuestro sistema operativo, las fuentes tipográficas y *plugins* que tenemos instalados, la zona horaria y el lenguaje que tenemos configurado y muchas, MUCHAS más.

El problema es que la combinación de todos esos parámetros puede constituir una «huella» única que nos identifique por mucha *cookie* que bloqueemos. Podemos comprobar hasta qué punto en <u>esta página</u>[5], que nos dice si nuestra huella coincide con la de alguien más.

En cualquier caso, ante su mala prensa, **las empresas tecnológicas que más se han lucrado con el uso de las mismas para registrar la navegación de los usuarios, han anunciado a bombo y platillo que van a dejar de usar** *cookies*.

La mismísima Google ha anunciado sus <u>planes para bloquear por defecto</u> las <u>cookies de terceros en Chrome</u>[6] —lo mismo que se recomendaba en la RFC 2109, pero con veintisiete años de retraso— y la última versión de su herramienta de analítica de usuarios, que cuenta con casi un 80 por ciento de cuota de mercado, puede funcionar sin *cookies*.

Eso sí, para hacerlo, el sitio debe asignar un ID único al usuario —justo lo que no quería Montulli— y mandárselo a Google desde su servidor... o enviarle datos registrados en sus propias *cookies* desde el navegador del usuario. La enésima prueba de que **el problema nunca fueron las cookies sino la colaboración necesaria entre las webs y las empresas publicitarias**.

También que nuestros políticos legislan «a cañonazos», con regulaciones que imponen soluciones tan inútiles como incomodas para los usuarios y costosas para las empresas que desarrollan servicios *online* que ni siquiera viven de la publicidad.

Si de verdad quieren proteger nuestra privacidad, en vez de obligarnos a tragarnos *zillones* de anuncios sobre el empleo de *cookies* en los servicios *online* que usamos, en vez de trasladar ese control a nivel de aplicaciones, **las autoridades deberían centrarse en comprobar que las especificaciones y estándares de la web incluyen medidas necesa-**

---

[5]   <https://amiunique.org/fingerprint>.
[6]   <https://developers.google.com/privacy-sandbox/3pcd?hl=es-419>.

rias para salvaguardar nuestros derechos y que los navegadores las cumplen estrictamente.

En eso y en alfabetizar digitalmente a la ciudadanía. Una *newsletter* de 2.000 palabras no sería más que una charla de quince minutos en colegios, institutos, universidades y centros cívicos. ¿Qué pasaría si cada uno de los que han llegado a leer hasta aquí diera una?

27
LA LIBRERÍA QUE CAMBIÓ EL MUNDO
19 de julio de 2020

El pasado jueves **se cumplieron exactamente veinticinco años desde el lanzamiento de Amazon**, la mayor empresa de comercio electrónico del mundo y, también, una organización poliédrica y con claroscuros como su fundador, **Jeff Bezos**.

Sería absurdo intentar relatar de forma exhaustiva en una simple lista de correo todos sus logros, fracasos y polémicas, pero al menos podríamos intentar contestar una simple pregunta: nadie pone en duda que, en apenas veinticinco años, Amazon ha contribuido de forma decisiva a transformar nuestra sociedad, pero ¿para bien o para mal?

Desde el punto de vista del usuario, Amazon no es ni más ni menos que **la tienda que cuenta con el mayor catálogo** *online* **del mundo a un precio siempre competitivo y, además, una logística y una garantía que funcionan como un reloj suizo**, tanto que a la gente no le importa si puede encontrar el mismo producto un euro más barato en otro sitio. Por supuesto, la realidad es algo más compleja y la multinacional siempre ha estado rodeada de controversias[1].

---

[1]   <https://en.wikipedia.org/wiki/Criticism_of_Amazon>.

EL TRATO AL EMPLEO NO CUALIFICADO

El 4 de mayo, en pleno confinamiento por el COVID-19, **Tim Bray** —VP de ingeniería en Amazon— dimitió como protesta[2] por el despido de varios empleados que denunciaron las condiciones sanitarias en las que se trabajaba en los almacenes durante la pandemia. Tres días después, *The Guardian* revelaba que Amazon no aseguraba los puestos de trabajo de los operarios de almacenes que pidieran una baja no retribuida[3] por encontrarse enfermos, al contrario de lo que hacía con el personal más cualificado.

No eran los primeros ni los únicos conflictos laborales dentro de una compañía que **ha implementado políticas antisindicales de forma continuada**, por eso muchos abogaron por boicotear a Amazon hasta que no garantizaran una protección adecuada a sus empleados. Candela —mi mujer, que prefirió que nos recluyéramos completamente en casa durante el Estado de Alarma, sin ni siquiera bajar a hacer la compra— llegó

---

[2]   <https://twitter.com/timbray/status/1257326798565564421>.
[3]   <https://www.theguardian.com/technology/2020/may/07/amazon-warehouse-workers-coronavirus-time-off-california>.

a hacer una <u>lista de comercios locales alternativos</u>[4] donde aprovisionarnos *online*, pero la cercanía y el menor tamaño de esas empresas no garantizaba que retribuyeran o trataran a sus empleados <u>de forma más justa</u>[5].

LOS IMPUESTOS

Otra polémica que siempre ha perseguido a Amazon es el supuesto **uso de ingeniería financiera para evitar pagar impuestos**. La compañía ha sufrido inspecciones fiscales en Japón, China, Reino Unido, Alemania, Polonia, Corea del Sur, Francia, Luxemburgo, Irlanda, Singapur, Italia, España, Portugal y, por supuesto, en su país de origen —Estados Unidos— donde <u>hasta este mismo año no ha pagado ni un dólar de impuesto de sociedades</u>[6]. En 2018, con unos beneficios de 11.000 millones de dólares no solo no tuvo que pagar impuestos sino que recibió una devolución de 129 millones, prácticamente lo mismo que en 2017. En cualquier caso, en 2019 apenas pagará 162 millones, un escaso 1,6 por ciento de los beneficios que ha declarado —13.900 millones— a pesar de que el impuesto de sociedades en Estados Unidos sea de un 21 por ciento.

Sin embargo **Amazon no ha sido nunca condenada por un delito tributario** porque simplemente ha utilizado las herramientas fiscales, deducciones y desgravaciones que han puesto a su disposición —y a la de otras grandes corporaciones, <u>desde IBM a Netflix pasando por Salesforce</u>[7]— los diferentes Gobiernos y Administraciones interesados en <u>que realicen inversiones y generen empleo en las áreas donde son competentes</u>[8].

---

4   <https://docs.google.com/spreadsheets/d/1YtQvxSdYz6lsAtczltQdgrzlqlojJ58s-nfdko6hREvk/edit#gid=0>.

5   <http://eldigitalsur.com/canarias/corte-ingles-debera-indemnizar-sindicalistas-base-vulneracion-libertad-sindical/>.

6   <https://www.cnbc.com/2020/02/04/amazon-had-to-pay-federal-income-taxes-for-the-first-time-since-2016.html>.

7   <https://www.businessinsider.com/tech-companies-dont-pay-federal-income-taxes-amazon-gm-2019-11?IR=T>.

8   <https://mailchi.mp/bonillaware/amazon-aragon>.

La única resolución que ha obligado a Amazon a pagar más impuestos llegó de la Comisión Europea que, en 2017, determinó que <u>los beneficios fiscales que le había otorgado Luxemburgo iban en contra de la libre competencia</u>[9], puesto que **en la práctica pagaban cuatro veces menos impuestos que sus competidores locales.** La propia Comisión recordaba que no se estaba condenando a Amazon sino anulando una regulación fiscal que no era compatible con la legislación europea y, por tanto, no se estaba imponiendo ninguna multa sino recuperando los impuestos que debería haber satisfecho desde un principio si se le hubiera dado el mismo trato que al resto de competidores. Este mismo año, <u>Amazon apeló la resolución en la Corte de Justicia Europea</u>[10].

LAS PATENTES

Pero quizás la práctica de Amazon que más ampollas ha creado en el sector tecnológico ha sido el **uso de patentes, cuanto menos discutibles, para restringir la competencia.**

Amazon <u>es la novena compañía que más patentes registró en Estados Unidos en 2019</u>[11]. En comparación, Google está en la posición número 15 y Facebook en la 36. Algunas de ellas son realmente innovadoras, como la nevera que es capaz de darse cuenta de cuándo la comida empieza a oler mal. Otras, sin embargo, no parecen tener ningún sentido como, por ejemplo, <u>la posibilidad de que puedas verte la nariz en un entorno de realidad virtual</u>[12].

---

[9]   <https://ec.europa.eu/commission/presscorner/detail/en/IP_17_3701>.

[10]   <https://www.spglobal.com/marketintelligence/en/news-insights/latest-news-headlines/amazon-s-appeal-to-overturn-8364-250m-tax-fine-to-be-heard-at-eu-justice-court-57364997>.

[11]   <https://techcrunch.com/2020/01/14/us-patents-hit-record-333530-granted-in-2019-ibm-samsung-not-the-faangs-lead-the-pack/>.

[12]   <https://www.bizjournals.com/washington/news/2019/12/13/the-most-interesting-amazon-patents-of-2019-from.html>.

Tampoco lo tiene que consiguieran patentar «la compra *online* con un solo clic» y que usaran dicha patente para demandar a la cadena de librerías Barnes & Noble[13] en 1999. Menos aún que en febrero de 2000 pretendieran inventar «un sistema de ventas referidas por clientes» —o, como todos lo conocemos, *marketing de afiliados*[14]— o que en 2003 les concedieran una patente relacionada con «un sistema para gestionar una conversación sobre un artículo», como si Bezos hubiera inventado los comentarios o foros en Internet.

Lo cierto es que **Amazon solo sigue la estrategia legal habitual de las grandes corporaciones para protegerse del *patent trolling*** —o la práctica de demandar a compañías exitosas, reclamando una compensación económica, por supuestos daños y perjuicios sustentados en alguna patente absurda— algo que se ha convertido en un verdadero problema y un freno a la innovación en Estados Unidos, donde el coste de defensa habitual ante una demanda por violación de propiedad intelectual se situaba entre 1 y 2,5 millones de dólares[15] en 2004. **Solo entre 2009 y 2013, Amazon hizo frente a más de cien demandas por el supuesto uso inapropiado de propiedad intelectual de terceros.** En 2006, IBM demandó a Amazon por la violación de varias de sus patentes[16], como —por ejemplo— la que les otorgaba el derecho de explotar la idea de «pedir artículos usando un catálogo digital» porque, como todo el mundo sabe, IBM inventó el comercio electrónico...

ALGO DEBE CAMBIAR, PERO NO SOLO AMAZON

Todas esas polémicas acciones corporativas no son exclusivas de la compañía de Seattle sino que revelan **problemas sistémicos que la sociedad en general —y la industria informática en particular— debe afrontar.**

---

[13] <https://www.gnu.org/philosophy/amazon.html>.
[14] <https://www.gnu.org/philosophy/amazon.html>.
[15] <https://en.wikipedia.org/wiki/Patent_troll#Causes>.
[16] <https://www.networkworld.com/article/2300069/ibm-sues-amazon-for-patent-infringement.html>.

Por supuesto, eso no exime de responsabilidad a Amazon por lo que hace y cómo lo hace. Si no eres parte de la solución, eres parte del problema.

Los derechos laborales de los trabajadores —incluyendo la seguridad y salubridad en su puesto de trabajo— son una conquista social que debe ser protegida y los sindicatos son una pieza fundamental para conseguirlo. Dan vergüenza ajena tanto los *revolucionarios de salón* que reducen el mundo a un futbolín —donde los empresarios son todos malvados explotadores y los asalariados seres de luz permanentemente explotados— como los que minusvaloran y ridiculizan la labor de los sindicatos porque pertenecen a un sector privilegiado, en comparación con otros, donde la mayoría de trabajadores no sabe ni qué convenio se les aplica[17] porque disfrutan de mejores condiciones laborales que las recogidas en dicho convenio.

Como consumidores podemos boicotear a Amazon pero, sobre todo, como ciudadanos **debemos exigir que nuestros Gobiernos garanticen que Amazon cumple escrupulosamente la legislación laboral y respeta la libertad sindical**, al igual que el resto de empresas locales, dejando de demonizar la Inspección de Trabajo y dotando de recursos a la misma. Francia ya lo ha hecho[18].

En relación a los impuestos, una vez más, **deberíamos exigir a nuestros Gobiernos una reforma de la política tributaria que hiciera la misma más justa y transparente**.

Una aproximación es la propuesta de Podemos[19] de garantizar una tributación mínima del 15 por ciento sobre los beneficios de las grandes empresas —recordemos que el Impuesto de Sociedades en España es, en teoría, del 25 por ciento— y otra la aproximación estonia[20], que carga un 20 por ciento pero solo sobre los beneficios distribuidos —reparto de

---

[17] <https://www.ccoo-servicios.es/tic/html/47381.html>.
[18] <https://www.bbc.com/news/world-europe-52346451>.
[19] <https://www.fiscal-impuestos.com/acuerdo-coalicion-PSOE-Unidas-Podemos.html>.
[20] <https://europa.eu/youreurope/business/taxation/business-tax/company-tax-eu/estonia/index_en.htm>.

dividendos— y, sin embargo, no grava el capital que se quede dentro de la empresa, bajo la premisa de que si no sacas los beneficios de tu empresa es porque vas a reinvertirlos —por ejemplo, en pagar más salarios— y generar riqueza. Si no lo haces, cuando finalmente los saques pagarás tus impuestos. Personalmente, me gusta más la aproximación estonia, pero me daría igual cuál usáramos con tal de **acabar con los hacks del sistema que son las distintas deducciones, subvenciones y desgravaciones** de las que, en la mayoría de los casos, solo se benefician las grandes corporaciones.

Con las *atrapalladas* que hacen Amazon, Google, Apple y otras multinacionales licenciándose a sí mismas su propia tecnología o autovendiéndose mercancía para declarar unos beneficios mínimos[21], la solución para que paguen impuestos allí donde vendan es mucho más sencilla que crear un arcano impuesto digital[22]: prohibirles hacerlo.

Respecto a la gestión de propiedad intelectual, el problema es que **el actual sistema de registro y gestión de patentes está completamente roto**. El mismo está basado en una comprobación del estado de la técnica[23] o «arte previo» —básicamente, que lo que intentas patentar no exista ya y sea de dominio público— que es prácticamente imposible de comprobar a nivel internacional y que, cuando se hace, se hace mal. No olvidemos que en el año 2000, Ford tuvo el cuajo de intentar patentar la web de recruiting[24].

Quizás deberíamos empezar por **prohibir el registro de patentes sin una implementación práctica de la idea o el concepto a patentar**. También, redefinir el concepto de «arte previo» y establecer mecanismos para que demostrar la existencia del mismo fuera sencillo, barato y cerrara cualquier litigio. Quizás así lograríamos que las compañías deja-

21   <https://www.eleconomista.es/economia/noticias/10056682/08/19/Google-Apple-Facebook-y-Amazon-pagan-solo-245-millones-a-Hacienda-.html>.
22   <https://hipertextual.com/2019/07/g7-impuesto-digital>.
23   <https://www.oepm.es/es/invenciones/herramientas/manual_del_inventor/novedad_y_estado_de_la_tecnica/que_es_el_estado.html>.
24   <https://patents.google.com/patent/US20020128893?oq=recruiting>.

ran de patentar absurdeces, como los comentarios en una página web o la posibilidad de ver tu nariz en un entorno de realidad virtual, y dedicaran todos esos recursos a innovar.

Pero, sobre todo, en un mundo cada vez más globalizado **registrar una patente a nivel mundial debería ser un proceso mucho más sencillo** y que no costara cientos de miles de euros[25]. Eso sí, lo que realmente queremos no es restringir su explotación a grandes compañías como Amazon.

EPÍLOGO: WORK HARD. HAVE FUN. MAKE HISTORY

Pero, después de todo esto, aún no hemos contestado la pregunta que nos hacíamos al principio. Amazon ha hecho honor a su eslogan interno —Work hard. Have fun. Make history— y causado un impacto inaudito en nuestra sociedad en apenas veinticinco años, pero ¿para bien o para mal? Para contestar a esa pregunta, primero hay que entender que **Amazon es mucho más que una librería**.

La compañía no solo ha establecido una profundidad de catálogo, una calidad de servicio, seguridad y excelencia logística que ha conseguido popularizar el comercio electrónico, sino que **ha sido pionera en muchos avances tecnológicos o, al menos, la primera en conseguir acercar los mismos al gran público**. Desde el libro electrónico —con la plataforma Kindle— hasta el reconocimiento y las interfaces de voz, con Alexa.

Pero sobre todo, **Amazon transformó por completo la industria informática** cuando en 2006 lanzó AWS (Amazon Web Service), prácticamente el germen de lo que más tarde se conocería como cloud computing.

Gracias a AWS y el resto de proveedores que vinieron detrás (en 2008 Google lanzó la beta de su App Engine, Microsoft hizo lo mismo con Azure en 2010 e IBM y Oracle lanzaron sus respectivas nubes en 2011 y

---

[25]   <https://mailchi.mp/bonillaware/tostadora>.

2012) **hoy es posible desarrollar, mantener y gestionar una aplicación web por una fracción de lo que costaba hace apenas quince años.** Los desarrolladores pueden abstraerse por completo de la infraestructura necesaria para ejecutar esas aplicaciones y, por supuesto, ahorrarse su elevado coste. Si el software hoy se está *comiendo* el mundo —y mejorándolo— es, en gran parte, gracias a Amazon. Esa ha sido la mayor contribución de la compañía. Una que ha transformado nuestro sector —y nuestra sociedad— para siempre.

Amazon cumple veinticinco años siendo **la tercera compañía más grande del mundo por capitalización bursátil.** Su reto en los próximos veinticinco años es emplear ese poder para causar un impacto positivo, no solo en la industria de la tecnología sino en la humanidad en su conjunto.

28
LA VIDA DE BOB
22 de enero de 2017

Pocos productos de software han sido tan desastrosos como para convertirse en el hazmerreír de la industria y, al mismo tiempo, conseguir transformarla para siempre. Quizás, el peor de ellos fue Microsoft Bob.

Bob era <u>una interfaz de usuario *para tontos*</u>[1] que pretendía mejorar y simplificar el escritorio de Windows 3.1 sustituyéndolo por una «casa», por la que te guiaba un adorable perrito llamado Rover, con habitaciones llenas de muebles y objetos que representaban distintos programas y aplicaciones. Bob prometía revolucionar la informática, eliminando su barrera de entrada y haciéndola accesible a cualquiera.

Si nunca oíste hablar de dicha revolución, no debes avergonzarte. Apenas vendió 58.000 unidades antes de ser retirado del mercado. El fracaso fue tal que muchos de los que estuvieron involucrados en su desarrollo decidieron ocultar su participación. Veintiún años después, <u>comparar un programa con Bob sigue siendo la mejor forma de ridiculizarlo</u>[2], pero ¿por qué? ¿Qué hacía tan atroz a Bob?

---

[1]   \<https://www.youtube.com/watch?v=5teG6ou8mWU>.
[2]   \<http://www.zdnet.com/article/google-wave-the-microsoft-bob-of-the-new-millennium/>.

Bob reunía alguna de las peores prácticas que se pueden cometer a la hora de crear un producto, empezando por **ignorar por completo al público al que estaba destinado**.

No se puede explicar de otra manera que, un programa dirigido al usuario novato, exigiera un procesador 486 y ocho megazas de memoria para funcionar cuando el ordenador medio de la época apenas contaba con cuatro. Hacer el tonto con el perrito Rover exigía una inversión de más de 600 euros de hoy en día. *Too much* para el aficionado medio.

Tampoco ayudaba que un producto destinado al público adulto contara con **un diseño que le parecería cursi e infantil hasta a los osos amorosos**. Después de cinco minutos navegando por <u>las pantallas de Bob</u>[3], era imposible no sufrir una sobredosis de azúcar.

Pero lo peor de todo es que **Bob era una herramienta que, en vez de dar poder a sus usuarios, les trataba como a retrasados**. En la presentación de lanzamiento, un técnico con cierta soltura manejando Windows llamado Bill Gates necesitó diecisiete clics de ratón para abrir un simple fichero. DIECISIETE. No hay mucho más que hablar.

---

[3]   <http://www.danielsays.com/ms-bob-06-bob-home.html>.

Y, sin embargo, sobre el papel parecía una gran idea con toda la potencia comercial de Microsoft y un equipo brillante detrás. La responsable del proyecto era una tal **Melinda French**, empleada de la compañía desde 1987, que se convirtió en novia de Gates en 1993 y en su mujer en 1994. Muchos piensan que esa es la única razón por la que el proyecto salió adelante pero, en realidad, Melinda no fue la impulsora del proyecto sino los jefes de producto **Karen Fries** y **Barry Linnett**, impulsores de la introducción de *wizards* en las aplicaciones de Microsoft para guiar paso a paso a los usuarios en las tareas más complicadas. Fries y Linnett pidieron recursos para seguir trabajando en esa línea y desarrollar una nueva interfaz para usuarios inexpertos que corriera sobre Windows. Microsoft Bob acababa de nacer.

En la parte técnica tampoco pusieron a trabajar a los becarios precisamente. El principal desarrollador de Bob fue **Mike Arrington** que, después de que Microsoft cancelara Bob 2, se marchó para fundar una pequeña compañía de videojuegos llamado Valve[4] junto a su colega **Gabe Newell** y desarrollar uno de los mejores videojuegos de la historia: Half-Life.

Ninguno de ellos pudo evitar ni prever el megaostión que se metió Bob. A pesar de las contribuciones que hizo a la industria del software —pocos saben que **la famosa fuente Comic Sans fue creada para Bob**— y su influencia en el diseño posterior de interfaces de usuario, es considerado uno de los mayores fracasos de la historia de Microsoft.

Construir software es relativamente fácil. Venderlo, no tanto. Si algo nos ha enseñado Bob es que nada ni nadie puede garantizar el éxito de un producto tecnológico, pero **para conseguir un fracaso seguro solo tienes que dejar que sean tus ideas, y no las necesidades de tus clientes potenciales, las que guíen el desarrollo**. La experiencia no otorga ninguna clarividencia sino más humildad, ayudándote a asimilar que solo las ventas consiguen distinguir unas de otras.

---

4   <https://en.wikipedia.org/wiki/Valve_Corporation>.

29
LA HISTORIA DE SUN MICROSYSTEMS, 2.ª PARTE: *WRITE ONCE. RUN EVERYWHERE*
11 de febrero de 2018

El lanzamiento de JAVA en **1995** convirtió de sopetón a Sun, una empresa de hardware, en un actor principal de la industria del software.

En **1996**, Scott McNealy se convence de que Sun debe competir de tú a tú con Microsoft y eso pasa, necesariamente, por contar con su propio Office. Por eso compran Lighthouse Design, una compañía que desarrollaba una suite ofimática para ordenadores NeXT, fundada entre otros por **Jonathan Schwartz**.

Schwartz es uno de los pocos altos directivos de la compañía con experiencia en desarrollo de software y por eso, en **1997**, es nombrado Responsable de Marketing de Producto de JAVA. Él aún no lo sabía, pero se acababa de subir a un cohete. JAVA era considerado «el lenguaje de programación de la web» por excelencia y, en 1997, la burbuja punto com[1] estaba a punto de entrar en ebullición.

Durante la época de vacas gordas, Sun se hincha a vender *hierro*, pero aunque su arquitectura SPARC/Solaris es —en general— mucho más rápida y estable que la de los sistemas Wintel, también es mucho más

---

[1]   <https://en.wikipedia.org/wiki/Dot-com_bubble>.

costosa y complicada de mantener. La industria está pivotando hacia los chips x86 y, para intentar no perder ese tren, compra Cobalt —un fabricante de servidores gestionados con Linux— por 2.000 millones de dólares, en septiembre de **2000**. Probablemente, el PEOR momento posible.

A finales de ese mismo año, la burbuja empieza a desinflarse y, a principios de **2001**, estalla por completo. Sun, que había *living* la vida loca, vendiendo equipamiento tope de gama a *startups* con bolsillos llenos de capital riesgo, entra en caída libre.

En el año 2000 obtuvieron unos beneficios netos de 1.850 millones de dólares. Esos ingresos se redujeron a la mitad —927 millones— en 2001. En 2002 ya pierden 628 millones y, en **2003**, los números rojos llegan a los 2.400 millones de dólares.

La compañía entra en pánico y dispara a todo lo que se mueve para intentar salir de la crisis. Están presentes en muchos segmentos, pero no son líderes en ninguno. Compran un montón de empresas, como **Storage-Tek** —una potencia en el mercado del almacenamiento de datos— por 4.100 millones de dólares en **2004**, pero la compañía sigue sin recuperar el rumbo.

Lo único que sigue yendo como un tiro es la división de JAVA, así que McNealy asume que el futuro de Sun pasa por el software y los servicios, se hace a un lado y da paso al hombre que la hizo crecer y ha ido ascendiendo por la escalera corporativa de la compañía hasta convertirse en COO de la misma. En **2006**, Jonathan Schwartz es nombrado CEO.

La primera gran apuesta de Schwartz es abrazar decididamente el *open source*. En noviembre, apenas seis meses después de su nombramiento, Sun libera todo el código de JAVA, que adopta la licencia GPLv2. Pero la apertura de Schwartz va más allá del código. Publica frecuentemente anuncios y datos relevantes en su blog corporativo y la compañía anima a todos los empleados a hacer lo mismo, con pocas restricciones más allá de no publicar información confidencial.

Desgraciadamente, en una época donde las grandes compañías estaban más acostumbradas a pagar por licencias que por servicios, que la plataforma de programación más popular de la industria sea *open source* no dispara precisamente la recaudación. *Strike One*.

A pesar de todo, en **2007** la compañía vuelve a los números negros y presenta beneficios. Entonces, a finales de año, estalla la crisis de las hipotecas subprime[2] que culmina con el colapso de **Lehman Brothers**. La crisis deja muy tocada a una Sun donde el tercio de los ingresos provenían de entidades financieras. *Strike Two*.

Ni la adquisición de Cobalt ni la de StorageTek fueron muy bien, pero en **2008** Sun vuelve a sacar la chequera y se hace con **MySQL**, una empresa que apenas vende 75 millones al año, por 1.000 millones de dólares. Es la enésima compra que sale mal y no consigue relanzar las ventas de una compañía con telarañas en la tesorería. *Strike Out* y *Game Over*.

En **2009**, Oracle anuncia que ha llegado a un acuerdo para comprar Sun a precio de derribo —9,5 dólares por acción— por un total de 7.400 millones de dólares. Es una escabechina. Para entender la dimensión del desastre, solo hay que recordar que la acción de la compañía llegó a alcanzar los 247 dólares y su cotización bursátil había superado los 200.000 millones.

La adquisición tarda varios meses en cerrarse por la investigación antimonopolio llevada a cabo por la Unión Europea. Apenas unos días

---

[2]   <https://en.wikipedia.org/wiki/Financial_crisis_of_2007%E2%80%932008>.

después de que esta se haga efectiva, en febrero de **2010**, Schwartz dimite publicando un Haiku en Twitter: «Financial crisis/Stalled too many customers/CEO no more».

Larry Ellison, el fundador y CEO de Oracle, fue inusitadamente duro con Schwartz y su gestión. En una entrevista para Reuters[3] afirmó, literalmente, que «los equipos de ingeniería son buenísimos, pero la Dirección era tan sorprendentemente mala que ni siquiera ellos pudieron tener éxito» y, hasta cierto punto, Larry tenía razón.

La estructura comercial de Sun era un sinsentido y vendía frecuentemente a pérdida, porque **las comisiones se recibían en base a la cantidad facturada, no a los beneficios conseguidos**. Daba igual si en una venta de 500.000 dólares se ganaban o se perdían 100.000 dólares, el comercial recibía la misma comisión. Sun llegó a perder hasta un millón de dólares en una sola venta.

Pero la inquina de Ellison contra Schwarz iba más allá de los simples números. El antiguo CEO de Sun representaba todo lo que Larry odiaba y, también, un ataque al modelo de negocio que le había convertido en uno de los hombres más ricos del mundo. Frente a la opacidad de Oracle, Sun proponía transparencia. Frente a una organización que se cuadraba ante los comerciales de Porsche y traje a medida, otra donde los ingenieros eran los reyes. Frente a un negocio basado en la venta de licencias y el _vendor lock-in_[4], otro basado en la libertad y la venta de servicios.

«Un gran blog, no puede sustituir a un gran microprocesador. Un buen blog no puede reemplazar al buen software. Montones y montones de blogs no compensan montones y montones de ventas», comentaba Ellison criticando la proverbial apertura de Schwartz, **el primer CEO del Fortune 500 en tener un blog** y que, al contrario que otros directivos, publicaba sus opiniones e ideas sin autocensura.

Pero Jonathan Schwartz y Sun nos dejaron algo más que un simple blog: **el primer stack tecnológico completo —desde el silicio al usuario**

---

[3]   <https://www.reuters.com/article/us-oracle/special-report-can-that-guy-in-ironman-2-whip-ibm-in-real-life-idUSTRE64B5YX20100513>.

[4]   <https://mailchi.mp/bonillaware/el-candado>.

final— **completamente abierto y** *enterprise-ready*. Podías programar tus aplicaciones JAVA con un IDE como NetBeans, usando MySQL como base de datos, y ejecutar las mismas en un sistema SPARC gestionado por OpenSolaris, sin pagar una sola licencia y disponiendo del código fuente de todos ellos. Una revolución que la compra de Oracle no pudo parar. Una revolución en la que Sun, con sus miserias y sus grandezas, se acabó inmolando al mismo tiempo que transformaba la industria para siempre.

Su apuesta por el *open source* ayudó a cambiar el centro de gravedad del desarrollo de software[5]. Al contrario de lo que muchos creen, **Sun no dio herramientas a los programadores sino algo mucho más importante. Les dio poder**. Ese es su legado.

30
LA MUERTE DE FLASH
13 de diciembre de 2020

EL PRÓXIMO 31 DE DICIEMBRE NOS DEJARÁ UNA DE LAS TECNOLOGÍAS *
QUE AYUDARON A DEFINIR LA RED TAL Y COMO AHORA LA CONOCEMOS

El 19 de agosto de 1996, una pequeña compañía llamada FutureWave puso a la venta **FutureSplash Animator**[1] —un software para **crear gráficos vectoriales, animarlos e interactuar con los mismos**— por 250 dólares de la época, unos 360 de hoy en día.

FutureWave prometía que una animación AVI con una resolución de 320 x 200 pixeles que ocupara 500Kb. Podía guardarse en su nuevo formato vectorial en solo 30Kb, una auténtica *killer feature* en una época en la que solo el 20 por ciento de las pocas personas conectadas a Internet disponían de lo que en aquel momento se consideraba «banda ancha», 200Kb por segundo. Pero, además, FutureSplash Animator **permitía incrustar sus gráficos y animaciones en cualquier web**, gracias a un «player» que se podía descargar de forma gratuita, como plugin de Netscape Navigator o Microsoft Explorer 3.0, los navegadores que entonces partían la pana.

---

[1]   <https://www.youtube.com/watch?v=D6K3VsanmvI>.

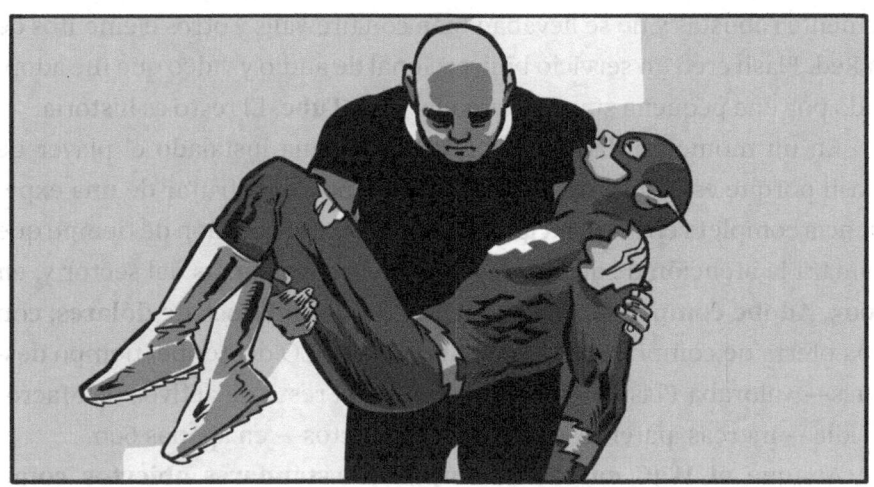

A pesar de que el producto disfrutó de una rápida aceptación, FutureWave llegó al lanzamiento con sus últimos recursos tras un par de lanzamientos fallidos y, **apenas cinco meses después de su lanzamiento —en enero de 1997— fue adquirida por Macromedia**. La adquisición fue lo mejor que le pudo pasar al producto —renombrado como «Flash», ya que dotó al equipo de los recursos necesarios para evolucionarlo—. En mayo, apenas cinco meses después de la adquisición, salía al mercado Macromedia Flash 2, que contaba con sincronización de audio, importación de fotos y la posibilidad de convertir bitmaps en gráficos vectoriales.

Para 1998, Flash se había convertido en la herramienta de referencia para todos los diseñadores web que quisieran ir más allá de lo que permitían los estándares del momento. La clave del éxito fue la posibilidad de trabajar con contenido multimedia e interactuar con el mismo, lo que permitió crear interfaces web —que eran ciencia-ficción hasta ese momento—, anuncios dinámicos y... videojuegos[2].

Sin embargo, **lo que realmente impulsó la adopción general de Flash fue el vídeo**. Compañías como Microsoft o Real Networks habían intentado llevar el vídeo a la web, pero sus soluciones no eran lo suficien-

---

[2]   <https://www.flashgamehistory.com/>.

temente robustas y no se llevaban bien con firewalls y otros elementos de la Red. Flash creó un servicio bidireccional de audio y vídeo que fue adoptado por una pequeña startup llamada... **YouTube**. El resto es historia.

En un momento dado, todo el mundo tenía instalado el player de Flash porque este era imprescindible para poder disfrutar de una experiencia completa en las principales webs. Solo era cuestión de tiempo que llamara la atención de alguna de las grandes compañías del sector y, **en 2005, Adobe compró Macromedia por 3.600 millones de dólares**; con una oferta de compra que —según reveló el CEO de Adobe, tiempo después— valoraba Flash en 3.000 millones y el resto de activos de Macromedia —marcas, patentes, clientes y productos— en apenas 600.

Aunque **el W3C empezó a impulsar estándares abiertos como HTML5 o CSS3** para implementar gran parte de las funcionalidades de Flash[3], como la reproducción de vídeo y audio o el renderizado de gráficos vectoriales, Adobe no se quedó atrás y lanzó nuevas funcionalidades como la renderización de gráficos en 3D, el Adobe Integrated Runtime (AIR) —que permitía crear aplicaciones de escritorio multiplataforma, más allá del navegador— o la expansión a las nuevas y prometedoras plataformas móviles, iOS y Android.

En abril de 2010, Flash parecía contar con una salud envidiable y un sólido futuro: casi el 30 por ciento de las webs usaban Flash, su player estaba instalado en el 97 por ciento de los ordenadores con conexión a Internet y el 80 por ciento de los usuarios de Internet visitaban al menos un sitio con Flash cada día. Entonces, Steve Jobs publicó su famoso post **Thoughts on Flash**[4] en el que argumentaba por qué **Apple no permitiría ejecutar Flash en los flamantes iPhones y iPads,** señalando todos los problemas y debilidades de la tecnología. Nadie podía sospecharlo entonces, pero ese fue el principio del fin. Diez años después, Flash estaba muerto.

Queda muy dramático otorgar a Jobs supuestos poderes mesiánicos —tanto para diseñar un dispositivo revolucionario como el iPhone por sí

---

3   <https://en.wikipedia.org/wiki/Comparison_of_HTML5_and_Flash>.
4   <https://bit.ly/2WcnJRb>.

solo, como para cargarse una tecnología líder de mercado con un simple post—, pero aunque venda muchos menos libros y entradas de cine, la realidad fue un poco más complicada.

Aunque es cierto que el post de Jobs mostraba una visión interesada de Flash con el principal objetivo de taponar el boquete que este suponía para la plataforma cerrada de hardware-software que era iOS, no dejaba de enumerar los **graves problemas de seguridad y rendimiento** que le habían acompañado desde su lanzamiento y eran conocidos por todos. Jobs solo nos señaló que *el emperador estaba desnudo*[5]. La reacción de Adobe fue furibunda y su CEO —Shantanu Narayen, que había trabajado en Apple— no solo no hizo ningún tipo de autocrítica sino que afirmó que todo era una «cortina de humo» de Jobs y los supuestos problemas de Flash, directamente falsos. Esa defensa cerrada acaba volviéndose en su contra, porque aunque los medios de comunicación especializados no dejan de resaltar el oportunismo de Jobs, tampoco ahorran críticas a la plataforma.

En septiembre de este 2010, Apple da marcha atrás y «tras escuchar a la Comunidad de desarrolladores» —y, también, conocer que el Departamento de Justicia estaba pensando iniciar una investigación por prácticas monopolísticas— elimina las restricciones que impedían publicar aplicaciones desarrolladas con Flash o cualquier otro lenguaje que no aprobaran... siempre a través de la AppStore. Adobe parece entender el mensaje a navegantes y, en 2011, lanza una herramienta para convertir las aplicaciones Flash a HTML5 y anuncia que **desiste del desarrollo de un player para navegadores móviles** para centrarse en herramientas que permitan publicar aplicaciones en las distintas Stores, aunque eso no impediría que el mercado siguiera apostando decididamente por los estándares abiertos.

De hecho, **la publicación de implementación definitiva de HTML5 y CSS3 coincidió con la mayor caída de la cuota de mercado de Flash**, que **descendió del 21,1 por ciento hasta apenas el 12,1 por ciento**[6] en

---

[5] <https://es.wikipedia.org/wiki/El_traje_nuevo_del_emperador>.

[6] <https://w3techs.com/technologies/history_overview/client_side_language/all/y>.

solo dos años, entre 2013 y 2014. En 2015, uno de sus principales sostenes —**YouTube**— **anunció que abandonaba Flash como player por defecto para adoptar HTML5**, validando la tecnología y mandando al mercado una señal inequívoca sobre la madurez de la misma. En 2016, Google prohibió el uso de Flash en los anuncios desplegados en su red de publicidad y, **en 2017, Adobe anunció que a finales de 2020 dejaría de actualizar y distribuir el player de Flash**, la crónica de una muerte anunciada[7].

Sí, es posible que Flash no fuera el software más optimizado de la historia, que fuera un coladero de virus y provocara cuelgues del sistema en más de una ocasión, pero también es cierto que **fue la puerta de entrada en la industria tecnológica de muchos profesionales**, consiguió popularizar el vídeo en Internet e impulsó de forma decisiva la UX —o experiencia de usuario— al permitir construir interfaces con un nivel de interacción nunca visto hasta entonces.

En Informática, muy pocas tecnologías se han usado durante más de veinte años y menos aún han generado pasiones tan enfrentadas. Muchos recuerdan con cariño la versatilidad y facilidad de uso de Flash. Otros siguen aborreciendo el horrible rendimiento del player o la pesadez de las interfaces implementadas con el mismo. Lo que nadie puede negar es que **Flash cambió la forma en que consumimos, creamos e interactuamos con contenido en la Web**.

Para poder entender con perspectiva la absoluta revolución que supuso Flash, solo necesitamos comparar los coloridos gráficos y la acción frenética que un juegote como Alien Hominid[8] llevó a nuestros navegadores en pleno 2002, con las webs que ese mismo año gastaban empresas como Atlassian[9], Netflix[10], Microsoft[11] o Starbucks[12]. Flash **con-**

---

[7] <https://blog.adobe.com/en/publish/2017/07/25/adobe-flash-update.html>.

[8] <https://www.youtube.com/watch?v=p1QjdSS0izc>.

[9] <https://www.webdesignmuseum.org/gallery/atlassian-2002>.

[10] <https://www.webdesignmuseum.org/gallery/netflix-2002>.

[11] <https://www.webdesignmuseum.org/gallery/microsoft-2002>.

[12] <https://www.webdesignmuseum.org/gallery/starbucks-2002>.

siguió que las páginas construidas exclusivamente con HTML parecieran vestigios de una época pasada.

Hoy no es el momento de señalar sus fallos, sino de celebrar sus logros y honrar a sus desarrolladores por cambiar la red para siempre. Descanse en paz.

31
CINCO LECCIONES QUE APRENDER
DE LA HISTORIA DE HOTMAIL

Seamos sinceros. Los que disfrutamos del estreno de *La historia interminable* en el cine y sabemos lo que es un Frigurón, quien más quien menos, **todos tuvimos cuenta de correo en Hotmail**. Y, también, quien más quien menos, a partir de cierto momento **todos nos reímos tanto del servicio como de los usuarios que conserva**.

La realidad es que Hotmail fue un servicio innovador que cambió la industria por completo. Pocos saben que su nombre original era HoTMaiL, haciendo referencia al HTML, el lenguaje con el que se construyen las páginas web. Y es que, en 1996, cuando Hotmail apareció, la inmensa mayoría de los que accedían a Internet lo hacían por línea telefónica y tenían una cuenta de correo electrónico proporcionada por el mismo proveedor de acceso. Si querías una cuenta de correo que no estuviera vinculada a tu proveedor, tenías que pagar (bastante) por ella.

Hotmail se lanzó el 4 de julio —día de la Independencia en Estados Unidos— precisamente para simbolizar esa independencia, ofreciendo a «los internautas» la posibilidad de usar un mail al que siempre tendrían acceso —aunque cambiaran de proveedor de conexión— de forma completamente gratuita, porque el servicio se financiaba con publicidad.

Y, además, podían acceder desde cualquier lado, porque no necesitaban configurar ningún <u>cliente de correo</u>[1] para poder hacerlo. Junto a RocketMail —que, más tarde, se convirtió en Yahoo! Mail— **Hotmail fue uno de los primeros servicios de webmail gratuitos y, de ellos, el que tuvo más éxito.** Cuando Microsoft compró la compañía en diciembre de 1997, apenas dieciocho meses después del lanzamiento del servicio, contaba con 8,5 millones de usuarios. Justo un año después alcanzaba los 30 millones.

Posteriormente, problemas de escalabilidad, seguridad y —sobre todo— la apisonadora que fue Gmail hirieron de muerte a Hotmail, pero **su historia nos deja un montón de lecciones de las que todos podemos aprender.**

1. La integración en una compañía de una empresa o tecnología adquirida siempre es un reto y, también, una oportunidad

Muy poca gente sabe que Hotmail jugó un papel fundamental en el desarrollo de Windows como sistema operativo (serio) para servido-

---

[1]   <http://missive.github.io/email-apps-timeline/>.

res. Cuando se compró la compañía, el software corría en una mezcla de servidores FreeBSD en el frontal y Solaris en el backend. Una de las primeras cosas que le pidieron al equipo fue intentar migrarlo todo a un entorno Microsoft, pero **Windows NT no estaba preparado para gestionar una aplicación web con semejante volumen de tráfico.**

El equipo de Hotmail trabajó mano a mano con Dave Cutler —diseñador-jefe de NT— y su equipo durante TRES AÑOS para solucionar todos los problemas de serguridad, escalabilidad y enrutamiento que iban surgiendo[2]. **La integración de Hotmail propició uno de los mejores sistemas operativos que jamás haya parido la compañía de Redmond:** Windows 2000 Server.

2. EL ÉXITO EN LOS NEGOCIOS TIENE QUE VER CON LA CAPACIDAD, EL ESFUERZO Y —SOBRE TODO— LA SUERTE Y LA OPORTUNIDAD

La venta de Hotmail fue un pelotazo, la mayor venta de una compañía de Internet hasta la fecha, y la chispa que infló la burbuja .com, pero después de la adquisición, aunque no les ha ido mal, **sus fundadores —Sabeer Bhatia y Jack Smith— no volvieron a dar con la tecla para repetir un éxito similar.**

Bathia abandonó Microsoft un año después y fundó **Arzoo** —una compañía de *e-commerce* que cerró poco tiempo después— y **Jaxtr-SMS**, con la que aseguraba que haría con los SMS lo mismo que Hotmail hizo con los emails, algo que no sucedió. Smith permaneció diez años en Microsoft como Director de Ingeniería. Después fue CEO de Proximex —que fue vendida a precio de saldo— y ahora es partner en un fondo de capital riesgo. Es evidente que los dos eran brillantes[3], que arriesgaron su patrimonio y se lo curraron, pero también que **estuvieron en el lugar adecuado en el momento adecuado.**

---

[2]   <https://web.archive.org/web/20071108203351/http:/www.securityoffice.net/mssecrets/hotmail.html#_Toc491601817>.

[3]   <https://www.wired.com/1998/12/hotmale/>.

3. Uno de los peores errores que puedes cometer es enamorarte de tu marca o producto en lugar de hacerlo de tu equipo y de tus usuarios

La marca Hotmail llegó a degradarse tanto que Microsoft decidió acabar con ella en 2013, una decisión delicada porque el servicio contaba por entonces con 300 millones de usuarios, trescientos. *Los Angeles Times* entrevistó a Bhatia para conocer su opinión y sentimientos al respecto y declaró que le parecía una gran decisión[4].

Aunque seguía usando su cuenta de Hotmail como correo principal, hacía meses que había migrado a la nueva plataforma de Outlook. com que ofrecía Microsoft y no tuvo reparos en reconocer que «con la velocidad y nuevas funcionalidades que ofrece Gmail, ya iba siendo hora de hacer algo así», manifestando que, en el mundo del software, **no hay tiempo para aferrarse a un producto o tecnología por pura nostalgia. Es parte de la innovación y es inevitable.** Para el antiguo CEO de Hotmail, lo importante era seguir proporcionando el mejor servicio posible de correo electrónico a los usuarios en vez de conservar un antiguo logo.

4. El marketing con mejor retorno de inversión es el viral. Si consigues que funcione, claro está

La historia de Hotmail se estudia en todas las escuelas de marketing digital del mundo porque **la base de su éxito fue el primer bucle viral de Internet.**

La idea no fue de los fundadores sino de uno de sus inversores, Tim Draper[5], que como apenas tenían dinero para invertir en *marketing* les sugirió que incluyeran una línea al final de cada correo que pusiera «PS: I Love You. Get Your Free Email at Hotmail.com». Los fundadores se resis-

---

4   <https://www.latimes.com/business/la-xpm-2013-feb-19-la-fi-tn-cofounder-sabeer-bhatia-sheds-no-tears-for-demise-of-hotmail-20130218-story.html>.
5   <https://en.wikipedia.org/wiki/Tim_Draper>.

tieron numantinamente a hacerlo, argumentando que eso sería «adulterar el correo» y que podía ser visto como una intromisión en la privacidad de los usuarios, pero finalmente accedieron a hacerlo —quitando el «PS: I Love You»— y el resto es historia[6]. Viéndolo con perspectiva, **la idea es brillante, pero también MUY arriesgada.**

5. Todos tenemos sesgos y, por supuesto, algunos están directamente relacionados con la tecnología

Hoy por hoy, Hotmail no ha conseguido quitarse el estigma de tecnología anticuada y empleada solo por usuarios sin muchos conocimientos técnicos, hasta el punto de que hay CEO que admiten públicamente sin ningún reparo que se filtran todos los candidatos a un puesto de trabajo que usen una cuenta de Hotmail[7].

Algunos profesionales de Recursos Humanos afirman que un «correo desactualizado» tiene una «mínima influencia» en la calificación de un candidato[8] y que nadie es rechazado por usar Hotmail. Faltaría más. Estas idioteces solo confirman que todos **tenemos sesgos que condicionan nuestras decisiones, y en la industria tecnológica también**. En vez de negarlos o intentar ocultarlos deberíamos aceptarlos e intentar sobreponernos a ellos.

Uno tiene suficiente edad como para atreverse a apostar que, en unos cuantos años, **la marca Hotmail perderá cualquier connotación negativa y se convertirá en algo cool y vintage**. Al fin y al cabo, es uno de los pocos servicios que puede vanagloriarse de haber esculpido y conformado Internet tal y como lo concebimos ahora. Sin contar con las

---

6   <https://techcrunch.com/2009/10/18/ps-i-love-you-get-your-free-email-at-hotmail/>.

7   <https://www.linkedin.com/pulse/dont-hire-hotmail-users-other-tips-save-your-company-culture-kogan/>.

8   <https://www.poynter.org/tech-tools/2018/not-so-hotmail-what-your-vintage-email-address-says-to-potential-employers-2/>.

conexiones móviles, <u>el 70 por ciento de los mails se consultan y envían desde un navegador</u>[9], no desde un cliente de correo. Ya sabéis quién fue el principal culpable.

---

[9] <https://litmus.com/blog/infographic-the-2019-email-client-market-share>.

32

2 de octubre de 2022

E N 2022, LOS EMOJIS CUMPLEN VEINTICINCO AÑOS. E STA ES
LA HISTORIA DETRÁS DE LA PRIMERA LINGUA FRANCA DIGITAL

En una época en la que el lenguaje definitivamente ha dejado de percibirse como una mera herramienta de comunicación para convertirse en el enésimo campo de batalla político; y cuando el uso, omisión o cambio de cualquier palabra puede alimentar diferentes polémicas, **la fulgurante y unánime adopción de los emojis llama poderosamente la atención**. Y es que oficialmente nacieron en 1997, hace apenas veinticinco años, aunque tienen raíces mucho más antiguas.

En 1986 se empezaron a usar **los kaomojis**[1] en Japón. Se acredita a Wakabayashi Yasushi como creador del *kaomoji* original (^_^), una evolución de los emoticonos —que aparecieron en 1982— como <u>una propuesta del profesor Scott E. Fahlman</u>[2]. Ambos tuvieron múltiples precursores —desde el uso del número 73 en código morse para expresar «amor y besos» desde 1857; o la expresión «(smiling yet:)» incluida en un texto

---

[1]   <https://emojicombos.com/kaomoji>.

[2]   <https://www.wired.com/2008/09/dayintech-0919/>.

del poeta inglés Robert Herrick , nada menos que en 1648—, pero todos tienen algo en común: la **necesidad de reflejar emociones de forma sencilla y económica en el lenguaje escrito**.

Los emojis tienen un curioso origen. En los noventa, los cacharros conocidos como *beepers*, *pagers* o simplemente «buscas» arrasaban entre los adolescentes japoneses, que los usaban para mandarse mensajitos entre sí. En 1995, NTT DoCoMo lanzó un modelo de busca que permitía incrustar un icono con forma de ♥ en el texto, lo que supuso toda una revolución en los institutos del país del sol naciente. Pero los directivos de la empresa nipona despreciaron el potencial de «lo cuqui» y eliminaron ese primer emoji de sus nuevos dispositivos, lo que provocó que la chavalería se pasara en masa a la competencia, que les había copiado.

La por entonces incipiente SoftBank supo leer el mercado y, en 1997, lanzó el teléfono DP-211SW, que incluía un primer set de 90 emojis monocromos[3] entre los que ya estaba la 💩. DoCoMo reaccionó y, en 1999, lanzó un segundo set de 161 emojis[4] diseñados por Shigetaka Kurita que, hasta hace relativamente poco, se acreditaban erróneamente como los primeros emojis de la historia.

[3]   <https://emojipedia.org/softbank/1997/>.
[4]   <https://emojipedia.org/docomo/1999/>.

Durante la siguiente década, el uso de los emojis se popularizó tremendamente en Japón aunque las distintas operadoras no fueron capaces de ponerse de acuerdo para crear un conjunto común que pudieran enviarse y recibirse en todos los dispositivos.

Las telcos europeas y americanas no hicieron mucho caso a los emojis hasta que algunos empleados de Google pidieron al Consorcio de Unicode[5] que considerara la posibilidad de definir una serie de emojis estándar. En 2007 se completó una primera propuesta, pero mientras se estaba estudiando la misma, Apple se asoció con Softbank para incluir el primer set en iOS[6] —origen de las caras amarillas que hoy todo el mundo asocia a los emojis— en 2008. Ese mismo año, Google se alió con KDDI para lanzar la primera serie en Gmail[7].

Sin embargo, los emojis no se empezaron a adoptar internacionalmente de forma masiva hasta 2011, después de que la versión 6.0 de Unicode incluyera un primer set estándar de 722 emojis[8] y Apple los incluyera en la versión 5.0 de iOS.

Desde entonces, con cada nueva versión de Unicode se añaden más y más emojis, que **se han convertido en un auténtico fenómeno global**. Un icono de la cultura popular que se expone en el Museo de Arte Moderno de Nueva York[9], del que se ha hecho una película (horrible), un musical (digno), ha protagonizado capítulos de serie tan emblemáticas como «Doctor Who», múltiples anuncios y hasta clips musicales como el del *rompepistas* «Roar» de Katie Perry[10].

La palabra «emoji» está incluida en el *Oxford English Dictionary* desde 2013 y en el de la Real Academia de la Lengua desde 2020, pero más allá de que ya formen parte del vocabulario de casi cualquier lengua del mundo, los emojis **se han consolidado como un lenguaje propio que se adapta**

---

[5]   <https://es.wikipedia.org/wiki/Unicode>.
[6]   <https://emojipedia.org/apple/iphone-os-2.2/>.
[7]   <https://emojipedia.org/google/gmail/>.
[8]   <https://emojipedia.org/unicode-6.0/>.
[9]   <https://stories.moma.org/the-original-emoji-set-has-been-added-to-the-museum-of-modern-arts-collection-c6060e141f61>.
[10]   <https://www.youtube.com/watch?v=e9SeJIgWRPk>.

al sentir de sus hablantes con muchísima más agilidad que cualquier otro.

Así por ejemplo, en 2012, iOS6 incluyó por primera parejas del mismo género sin que eso generara ninguna controversia. En 2015, se incorporaron distintos tonos de piel a todos los emojis humanos. En 2016, Apple también encabezó la iniciativa de representar el emoji 🔫 como una pistola de agua en vez de un arma realista, que después siguieron la inmensa mayoría de compañías. En 2018, Google modificó el emoji 🥗 para que no incluyera huevo duro y así no excluir a los veganos; y —lo que es aún más importante— en 2020, el camarada del metal Sebastian Delmont <u>consiguió que se creará el emoji de la arepa</u>[11] o 🫓.

Pero más allá de todo eso, la historia de los emojis **no es más que la enésima prueba de la necesidad que tenemos los seres humanos de comunicar no ya lo que pasa sino lo que sentimos.** Al contrario de lo que algunos afirman, la tecnología no solo no nos ha aislado de los que nos rodean, sino que nos ha proporcionado nuevas herramientas para que relacionarnos con nuestros semejantes sea más fácil y sencillo que nunca. Aprovechémoslas 🖐

---

[11]   <https://eldiario.com/2020/02/13/el-venezolano-que-llevo-la-arepa-a-los-emojis/>.

33
EL PROYECTO DE SOFTWARE
PEOR GESTIONADO DE LA HISTORIA
31 de marzo de 2019

Algunos programadores creen que el desarrollo de software tiene más de arte que de ingeniería. Si hay un proyecto que les proporcione argumentos para defender esa teoría es Starcraft; y hoy se cumplen exactamente veintiún años de su lanzamiento —el 31 de marzo de 1998— que cambió para siempre la historia de los videojuegos.

Starcraft fue el primer título de estrategia en tiempo real que popularizó el **uso de facciones con habilidades únicas, en vez de unidades de similares características**. ¿Os imagináis las posibilidades de un ajedrez donde cada uno de los contendientes contara con piezas distintas y que, sin embargo, fuera un juego balanceado? Esa fue la genialidad de Starcraft, pero también el empleo de **escenas cinemáticas que se integraban en la historia del juego y la enriquecían** y, por supuesto, el impulso definitivo que dio al mundo de los e-sports, generando todo un **ecosistema de equipos y jugadores profesionales de videojuegos**, cuyas partidas tenían —y tienen— audiencias millonarias.

Uno tiende a pensar que un proyecto con semejante influencia y legado contó con una perfecta planificación y una ejecución ajustada al milímetro, pero no fue así. De hecho, fue un absoluto desastre plagado

de errores que, veintiún años después, aún debería ser estudiado en las escuelas sobre cómo (no) gestionar un proyecto de software.

La idea estaba clara. Stracraft sería **un proyecto modesto desarrollado en apenas doce meses por un pequeño equipo** —alrededor de cincuenta personas— que permitiera lanzar un juego de estrategia con un contexto de ciencia-ficción, basado en el motor de Warcraft II, con el que incrementar los ingresos de **Blizzard** en un año en el que el estudio solo tenía planificado el lanzamiento de un título *menor* en el que no se tenían puestas muchas esperanzas: <u>Diablo</u>[1].

Cuando lo presentaron en el E3 de 1996, la recepción de prensa y aficionados fue gélida. Muchos lo etiquetaron como una especie de «Orcos en el espacio» —debido a sus similitudes con Warcraft— que no aportaba nada nuevo al género en un momento en el que se estaban desarrollando en paralelo OCHENTA títulos de estrategia en tiempo real. Uno de ellos, **Dominion Storm**, hizo palidecer a los desarrolladores de Starcraft que asistieron al evento. A su lado, su juego parecía una chapuza infumable.

Después del E3, el equipo quería revisar el juego de arriba a abajo, pero el estudio empezó a asignar más y más programadores al desarrollo

---

[1]   <https://en.wikipedia.org/wiki/Diablo_(video_game)>.

de Diablo, que se estaba enquistando. El equipo fue reduciéndose persona a persona, hasta que solo quedó una —**Bob Fitch**, responsable técnico del proyecto— que, en los dos meses siguientes, rehizo de cero el motor de juego.

Cuando el lanzamiento de Diablo se encarriló y el resto del equipo retomó el trabajo, solo contaban con noventa días para concluirlo en el plazo previsto y se conjuraron para conseguirlo como fuera, aunque tuvieran que vivir esos tres meses en un continuo _crunch_[2] con agotadoras jornadas de trabajo. Pero, a pesar de su empeño, esos tres meses iniciales se convirtieron en catorce. ¿Por qué? Por una mezcla de optimismo temerario y terribles decisiones de gestión.

- No existía liderazgo ni mentorización. Los que debían guiar y enseñar a los nuevos programadores que contrataban para reforzar el equipo estaban demasiado ocupados para hacerlo. Mike Morhaime, Presidente y CEO de Blizzard, era uno de los fundadores de la compañía y en aquel momento ya ejercía como vicepresidente de la misma. Sin embargo, hasta él estaba involucrado directamente en el desarrollo del juego. El código que controlaba la recolección de recursos, por ejemplo, es completamente suyo.
- Se introdujeron nuevas funcionalidades, como un nuevo editor de mapas o el añadido del juego online, que hacían que fuera absolutamente IMPOSIBLE cumplir los plazos originales... pero nadie quería reconocerlo.
- El motor original de Warcraft con el que empezaron a desarrollar el juego estaba hecho en C para Microsoft DOS, pero Fitch reescribió el motor en C++ pensando en lanzarlo para Windows. Tenía todo el sentido del mundo, pero pocos programadores del equipo tenían experiencia con el nuevo lenguaje de programación y los retos que presentaba. Como decía su creador, Bjarne Stroustrup, «con C es fácil que acabes pegándote un tiro en el pie. Con

---

[2]   <https://kotaku.com/crunch-time-why-game-developers-work-such-insane-hours-1704744577>.

C++ es más difícil, pero si lo haces, es probable que te vueles la pierna entera». Uno de esos retos fue la orientación a objetos, que el equipo usó de forma desastrosa.

- El uso de Linked Lists[3] para gestionar unidades con similares comportamientos, gestionando el linkado y deslinkado de datos de forma manual, introdujo innumerables errores en el código.

- El proceso de testing y calidad de Blizzard era una «caja negra» en el que cada nueva versión del juego carecía de cualquier tipo de documentación que explicara qué había cambiado respecto a la previa y obligaba al equipo de QA a averiguar qué comportamientos eran bugs y cuáles eran parte del diseño.

El equipo trabajaba 60-80 horas a la semana, sin descansar ni siquiera sábados o domingos. Algunos desarrolladores programaban durante dieciséis horas seguidas, dormían bajo su escritorio y volvían a trabajar sin pasar por casa.

Muchos empleados se separaron de sus parejas. Era habitual ver a compañeros vomitando en las papeleras —por la presión y la mala alimentación, a base de comida rápida— para volver al trabajo de forma inmediata y lo peor es que toda esa presión ni siquiera estaba impuesta directamente por la compañía sino por ellos mismos. Nadie les pedía que hicieran una sola extra, pero el equipo entero se sumergió en una especie de locura colectiva: la historia de Blizzard estaba llena de éxitos y nadie quería ser el responsable del primer fracaso del estudio.

Allen Adham, fundador de la compañía y su CEO en aquel entonces, recuerda el desarrollo de Starcraft y reconoce que «muchas cosas se hicieron mal», pero también defiende que **esa forma caótica de desarrollo estaba embebida en el ADN de la compañía y fue clave para el arrollador éxito de la misma.** «No es algo que pueda aprender en una escuela de negocios. Dale a tu equipo la libertad para hacer lo que crean que deben hacer durante un cierto periodo de tiempo, libertad suficiente

---

[3] <https://www.codeofhonor.com/blog/avoiding-game-crashes-related-to-linked-lists>.

para iterar y responsables que no abusen de esa libertad y obtendrás obras como Overwatch, Hearthstone ... y Starcraft», declaró Adham. El desarrollo de Starcraft acabó en 1998, tres años antes de que diecisiete profesionales crearan el Manifiesto Ágil[4] para **gestionar el caos en el desarrollo de software sin dejarse consumir por el mismo**.

La mayoría de los miembros del equipo que desarrolló Starcraft no reniegan de esos catroce meses y creen que la experiencia les marcó y convirtió en mejores profesionales, pero también reconocen que jamás volverían a pasar por algo similar. Gran parte de ellos dejó la compañía al poco tiempo y, tras el lanzamiento ocho meses después de Brood War[5] —una expansión que pulía la versión original, recogía todas las mejoras que no pudieron incluir en la misma, balanceó el juego y lo convirtió en un éxito mundial— **Blizzard tardó doce años en sacar un nuevo Starcraft**.

Si Starcraft es uno de los mejores videojuegos de la historia no fue gracias a su planificación y dirección, sino al inmenso talento y los incontables sacrificios del equipo técnico, que llevó al límite su resistencia física y mental —y la de sus familias— para conseguir crear una obra memorable. Veintiún años después, sigue siendo jugado por cientos de miles de personas todos los días, así que, no cabe duda de que lo lograron. ¿Mereció la pena? Puede, pero nunca sabremos **qué hubiera sido capaz de lograr a largo plazo un equipo así, trabajando con un ritmo sostenible**, si no se hubiera desintegrado después de un infernal desarrollo.

Epílogo

Dominion Storm, el juego que hizo que los programadores de Starcraft rehicieran de cero el juego para poder competir con el mismo, se lanzó un mes después sin pena ni gloria.

---

4   <https://es.wikipedia.org/wiki/Manifiesto_%C3%A1gil>.
5   <https://en.wikipedia.org/wiki/StarCraft:_Brood_War>.

Algún tiempo después se descubrió que la «demo» que habían visto los empleados de Blizzard en el E3 de 1996 en realidad era un vídeo prerenderizado que los empleados de ION Storm simulaban jugar... no tenían nada, todo fue un enorme engaño[6].

Hoy, Starcraft puede descargarse de forma gratuita desde la página de Blizzard[7], tanto para PC como para Mac.

6   <https://kotaku.com/starcraft-was-rebooted-over-a-giant-lie-5947198>.
7   <https://starcraft.com/en-us/articles/20674424>.

AÑOS 2000

34
EL AÑO EN EL QUE EL MUNDO NO SE ACABÓ
5 de enero de 2020

Hace exactamente veinte años, el mundo acababa de superar «el Efecto 2000», también conocido como Y2K o Millennium Bug, para muchos **el mayor reto al que jamás ha tenido que enfrentarse la industria informática en toda su historia** y, para otros, un camelo —que desató una histeria injustificada— alimentado por los medios.

Para encontrar el origen del Efecto 2000 debemos remontarnos a los principios de la computación, cuando los dispositivos de almacenamiento de datos eran extremadamente caros. No existían discos duros, la información se grababa en tarjetas perforadas donde cada columna representaba un único carácter. El software y los datos guardados en estas tarjetas se cargaban en la memoria de los ordenadores cada vez que se ejecutaban. Una memoria que costaba cerca de 1 dólar de la época por bit —la unidad mínima de información— capaz de representar solo un 0 o un 1. Un *avión* como el IBM 1401, por el que se pagaba a partir de 20.000 dólares al mes en concepto de alquiler, contaba con apenas 2.000 bytes (8 bits) de memoria y cada carácter ocupaba un byte.

En este contexto era normal que los programadores emplearan todo tipo de triquiñuelas para usar el menor número de caracteres posible.

Como por ejemplo representar las fechas con formato dd/mm/aa, dando por hecho que los dos primeros números del año siempre serían 19. En el último año del siglo, esa premisa dejaba de cumplirse y —al representar una fecha con formato dd/mm/oo— **los ordenadores no interpretaban que nos estábamos refiriendo al año 2000 sino a 1900**, con todos los problemas que eso podía ocasionar en programas cuya lógica estuviera basada en el cálculo de fechas: cálculo de intereses bancarios, tratamientos médicos, gestión de rutas de transporte aéreo o ferroviario... o los sistemas de alimentación y refrigeración de las centrales nucleares. El mundo se iba a acabar[1].

Y llegó el Día del Juicio Final, el 31 de diciembre de 1999. Decenas de miles de informáticos pasaron aquella noche de guardia en todo el mundo para hacer frente a cualquier contingencia y, **cuando por fin dejaron de sonar las campanadas... no pasó nada**, más allá de algún incidente aislado. Un videoclub de Nueva York facturó más de 90.000 dólares a uno de sus clientes por haber alquilado una película durante más de un siglo. Un trabajador de Murcia fue requerido por el Juzgado de lo Social a un acto de conciliación el 3 de febrero de 1900. Después de

---

[1]   <https://www.youtube.com/watch?v=bqxIu9OS2xI>.

haber temido un Apocalipsis informático, las pintorescas anécdotas que iban surgiendo por todo el mundo no provocaban alivio, solo sonrisas.

Precisamente esa ausencia de incidencias graves ha reafirmado la opinión de los que sostienen que el Efecto 2000 no fue más que un mito[2], un caso de histeria colectiva impulsada por la industria informática —para vender más software, hardware y servicios —y amplificada por Gobiernos y medios de comunicación. No es cierto.

En realidad, **el Y2K supuso un punto de inflexión en la historia de la Informática y cambió la misma para siempre**. Si no pasó nada el 31 de diciembre de 1999 fue porque las empresas y administraciones públicas invirtieron más de 450.000 millones de dólares —dinero suficiente para comprar Telefónica doce veces— en prepararse para el Efecto 2000 con suficiente antelación. Solo la Bolsa de Nueva York gastó 30 millones en un proyecto de siete años que concluyó hasta 1995.

Sin embargo, **la inmensa mayoría de los programadores que parchearon el software que gestionaba servicios críticos no recibió reconocimiento alguno**. Las grandes corporaciones no tenían todas consigo sobre lo que pasaría, así que ninguna dio demasiado bombo a sus esfuerzos para paliar el Y2K, optando por disfrutar de un éxito anónimo en vez de arriesgarse a tener que reconocer un fracaso públicamente.

El público general nunca fue consciente del inmenso esfuerzo realizado ni de los potenciales riesgos y por eso se tendió a minusvalorarlo y a ridiculizar a aquellos que advirtieron sobre los mismos, pero un simple análisis de lo que sí pasó el 31 de diciembre de 1999 deja entrever lo que pudo pasar. Quince centrales nucleares se pararon preventivamente en todo el mundo. En España, el Gobierno reconoció «incidentes» en Zorita y Garoña, que ya estaban operando a un 60 por ciento de su capacidad. El oleoducto de Yumurtalik dejó de funcionar, dejando a Estambul sin suministros. La red de satélites de inteligencia y defensa del Pentágono no respondió durante tres días. En una zona del Reino Unido se registró un inusual incremento de nacimientos de niños con síndrome de Down;

---

[2]   <https://www.inc.com/geoffrey-james/the-day-the-world-didnt-end.html>.

una investigación posterior demostró que el programa que debía determinar si los embarazos eran de riesgo calculó mal la fecha de nacimiento de las madres a partir del 1 de enero de 2000, lo que evitó que se iniciaran las pruebas y protocolos recomendados. Ninguno de estos casos «aislados y anecdóticos» provoca sonrisa alguna.

Pero **el Y2K no fue solo un enorme problema sino también una gigantesca oportunidad que la industria informática supo aprovechar**. Por primera vez, la opinión pública y los Gobiernos de todo el mundo entendieron hasta qué punto las infraestructuras y servicios públicos más importantes dependen del software que los gestiona. También, por primera vez, entidades públicas y privadas se coordinaron para hacer frente a un riesgo tecnológico, creando el Centro Internacional de Cooperación ante el Y2K (IY2KCC) con el auspicio de la ONU y la financiación del Banco Mundial. Pero lo más importante de todo es que, **por primera vez, la Comunidad técnica tomó consciencia del potencial alcance e impacto del software** y la responsabilidad inherente a su desarrollo.

Puede que el 2000 no fuera el año en el que mundo se acabó, pero sí en el que este cambió para siempre.

35
VEINTE AÑOS DE LINKEDIN
23 de abril de 2023

En apenas un par de semanas, el próximo 5 de mayo, LinkedIn cumplirá veinte años. En esas dos décadas, **para bien o para mal, se ha convertido en el principal canal de búsqueda de empleo y captación de talento de la industria tecnológica.**

Criticar a LinkedIn se ha convertido en un meme del sector y una forma de conseguir el *like* fácil, al igual que quejarse de Jira o reírse de los que aún usen correos de Hotmail. Y, para **alguien que se ha propuesto construir** «un LinkedIn pero bien hecho»[1], lo más sencillo hubiese sido centrarse únicamente en sus puntos débiles y escribir una crítica maniquea de la empresa.

Pero según iba conociendo más y más sobre LinkedIn, no pude evitar empatizar con sus orígenes y preguntarme si no cometeríamos todos los mismos «pecados», de disfrutar de una posición tan dominante. En realidad, eso da igual, lo importante para los lectores de la Bonilista son las lecciones que podemos extraer de su historia y su actual rol en el sector.

---

[1]   <https://twitter.com/david_bonilla/status/1354722140562579456>.

LinkedIn fue fundada por **Reid Hoffman**, una figura tan influyente en el sector digital como desconocida para el gran público, <u>pero al que merece la pena conocer</u>[2]. Para repasar toda su trayectoria tendríamos que escribir un libro, por eso hoy me limitaré a extrapolar lo más relevante en relación a LinkedIn.

Hoffman fundó SocialNet.com —una de las primeras redes sociales— en 1997, siete años antes del lanzamiento de Facebook y nueve del de Twitter. <u>Fue una idea adelantada a su tiempo</u>[3] y no acabó de cuajar, así que, se marchó a trabajar con un antiguo compañero de la universidad —un tal Peter Thiel— que acababa de fundar una compañía llamada PayPal.

Cuando la startup fue adquirida por eBay, el 3 de octubre de 2002, Reid se convirtió en *muchimillonario*. **Tenía dinero suficiente para no tener que volver a trabajar en toda su vida. Sin embargo, apenas un par de meses después, fundó LinkedIn** junto a compañeros de Social-Net y PayPal. En solo seis meses, el 5 de mayo de 2003, lanzaba la primera versión de su plataforma con un equipo de trece personas.

---

[2]   <https://www.khanacademy.org/college-careers-more/talks-and-interviews/talks-and-interviews-unit/khan-academy-living-room-chats/v/reid-hoffman-founder-of-linkedin>.

[3]   <https://academic.oup.com/jcmc/article/13/1/210/4583062#:~:text=Figure%201>.

Si algo había aprendido Hoffman de su anterior incursión en las redes sociales es que estas **solo podían crecer de forma viral y que dicha viralidad debía estar integrada en el propio funcionamiento de las mismas**.

Al principio, la única forma de usar LinkedIn era mediante la invitación de uno de sus miembros que, efectivamente, pertenecía a tu red profesional. Pero, además, crearon un plugin para que pudieras invitar de forma sencilla a todos tus contactos de Outlook, el estándar para mails profesionales en aquella época. Fue tal el éxito que, veinte años después, **LinkedIn invierte ingentes cantidades de dinero para que nadie pueda hacer lo mismo con su plataforma**.

La clave fue **conseguir que la gente se sintiera confortable compartiendo su perfil profesional**. Al principio, solo los usuarios de LinkedIn podían ver los perfiles de otros usuarios y, durante mucho tiempo, no se permitió subir fotos para evitar que la plataforma se convirtiera en la enésima web de citas.

Un mes después del lanzamiento, tenían 4.500 usuarios. A finales de 2003, alcanzaron los 80.000 y levantaron una ronda de inversión de 4,7 millones de dólares. Hoffman era rico y estaba convencido de que las redes sociales serían *the next big thing*, pero o no esperaba invertir todo su patrimonio en esta nueva aventura o no quería dejar fuera a los «sospechosos habituales» de Silicon Valley.

Seis meses después, en agosto de 2004 alcanzan el millón de usuarios y, en octubre de ese mismo año, cerraron una segunda ronda de inversión de 10 millones. Se puede encontrar «petróleo» en las 37 páginas de la presentación con la que lo consiguieron[4], pero quizás lo más significativo es que ninguno de los competidores que aparecen en la misma sigue existiendo hoy.

En 2005 lanzan los servicios «premium», que permitían publicar ofertas de empleo y enviar mensajes a usuarios, aunque no fueran contactos directos; y **en 2006 —tres años después de su lanzamiento— la compañía alcanza la rentabilidad por primera vez**.

---

4   <https://bestpitchdeck.com/linkedin>.

Cinco años después, la empresa sale a bolsa y —justo después de otros cinco años— **en 2016 es adquirida por Microsoft por 26.000 millones de dólares, 7,2 veces sus ingresos anuales**. No fue una mala compra, porque desde entonces ha cuadriplicado sus ingresos anuales. Puede que, entre otras cosas, porque —al contrario de lo que suele pasar tras estas operaciones— la inmensa mayoría de directivos de la compañía siguen vinculadas a la misma de una u otra forma. Hoffman sigue siendo miembro del Consejo de Administración de Microsoft.

La plataforma se ha convertido en el mercado de talento por defecto de la industria informática. Hasta tal punto que **la única estrategia de** *recruiting* **de una gran cantidad de empresas pasa por buscar candidatos en su base de datos... y el único «plan de carrera» de una gran cantidad de profesionales por defecto es reaccionar a las propuestas que allí reciben**. Reid construyó un servicio que nos acercó a unos y a otros, pero —también— nos hizo acomodarnos y creer que las relaciones profesionales podían construirse a base de clics.

Sin duda, LinkedIn ha ayudado y ayuda a millones de personas a encontrar oportunidades laborales, pero no toda su trayectoria es luminosa y, por supuesto, su actual modelo de negocio tiene algunos claroscuros.

El plugin de Outlook que le permitió ser viral incluía *dark patterns* que rozaban el spam, como notificar a todos los contactos por defecto y mandar múltiples recordatorios si no se contestaba a la primera invitación. En 2015 llegaron a un acuerdo extrajudicial para compensar económicamente a un determinado número de usuarios de la plataforma.

En 2013, lanzaron una aplicación móvil que —básicamente— funcionaba como un auténtico *man-in-the-middle* que copiaba en sus servidores los correos de los usuarios y analizaba su contenido.

Pero más allá de mala prácticas puntuales, lo más relevante para el sector es que LinkedIn funciona como un monopolio de facto y usa esa posición privilegiada para imponer unos términos de uso[5] con los que **se**

---

[5]   <https://es.linkedin.com/legal/user-agreement?>.

adjudican amplios derechos sobre los datos de sus usuarios mientras imponen a estos unas desproporcionadas restricciones para poder disponer de los mismos.

Dichos términos de uso establecen que tus datos son tuyos —faltaría más— pero su cláusula 2.2 acota que no puedes compartir tu contraseña con nadie; y el apartado 2 de la 8.2 prohíbe usar programas, scripts o cualquier otro medio —hasta *plugins*, exactamente lo mismo que ellos usaron en sus inicios— para copiar datos de perfiles. Así que sí, **tus datos son tuyos, pero si algún día te los quieres llevar, los tendrás que copiar a mano**.

A alguno le puede parecer «normal», como también nos parecía «normal» que se pudieran mercantilizar nuestros datos personales hasta que el RGPD[6] reguló su gestión; o que los bancos no permitieran el acceso autorizado a nuestros datos financieros hasta que la normativa PSD2[7] nos devolvió su control. Si damos por hecho que nuestros datos personales y bancarios nunca dejan de ser nuestros, independientemente de dónde estén, **¿por qué aceptamos que un tercero nos impida disponer libremente de nuestros datos profesionales?**

Puede que LinkedIn no sea malo, pero los monopolios nunca son buenos. Es lógico que defiendan su posición —probablemente casi todos lo haríamos si estuviéramos en esa situación—, pero eso no quiere decir que sea lo mejor para sus usuarios.

Quizás la próxima Ley de Mercados Digitales o DMA[8] —destinada a favorecer la competencia, entre otras cosas, obligando a los operadores dominantes a facilitar el acceso a los datos de sus usuarios, cuando estos así lo consientan— permita acabar con ese monopolio que, hoy por hoy, parece inexpugnable.

---

[6]   <https://es.wikipedia.org/wiki/Reglamento_General_de_Protecci%C3%B3n_de_Datos>.

[7]   <https://en.wikipedia.org/wiki/Payment_Services_Directive#Revised_Directive_on_Payment_Services_(PSD2)>.

[8]   <https://cincodias.elpais.com/cincodias/2023/02/24/legal/1677241655_056139.html>.

Mientras tanto, todos los actores del sector deberíamos reflexionar si nuestro empleo de LinkedIn contribuye a mantenerlo. Si hacemos un uso informado de la plataforma o nos limitamos a usarla. **La pregunta no es si el sector podría continuar sin LinkedIn sino si, hoy por hoy, nosotros podríamos hacerlo.**

36
QUINCE AÑOS DE FACEBOOK
3 de marzo de 2019

¿Os acordáis de la primera vez que visitasteis Facebook? Yo sí. En octubre de 2007 estaba en el curro y me llegó un mail de mi amigo Jordi en el que me pedía que me uniera a una «red social» para «estar en contacto».

Mi amigo es un tío serio —manda pocos correos personales y menos en horario de trabajo— así que supuse que aquello debía ser importante y me di de alta. Recuerdo ver el *feed* de noticias con cuatro mensajes chorras de los cuatro gatos que había por entonces y llamar a Jordi inmediatamente para preguntarle: «¿Qué es esta mierda que me mandas? ¿Te han hackeado la cuenta de correo?».

Como el visionario que soy, en aquel momento no supe encontrar ninguna utilidad en Facebook y **pensé que un servicio así acabaría cayendo en el olvido cuando pasara de moda**. Al fin y al cabo, ya teníamos Windows Live Messenger[1] para comunicarnos con los amigos y hasta jugar al ajedrez ¿Para qué necesitábamos otro «tablón de anuncios»?

Apenas unos meses después, en agosto de 2008, la red social llegaba por primera vez a los 100 millones de usuarios activos. En febrero de 2019, **Facebook ha alcanzado su 15.º aniversario con 2.300 millones de usua-**

---

[1]   <https://en.wikipedia.org/wiki/Windows_Live_Messenger>.

rios mensuales, un tercio de la población mundial, pero ¿deberíamos celebrarlo? ¿Es hoy el mundo mejor o peor que cuando nació?

En sus quince años de vida, <u>Facebook ha creado la mayor red social del mundo y también, bastantes sombras</u>[2].

Para ser completamente justos, **la compañía no solo ha impulsado extraordinarios avances en la difusión y consumo de propaganda rusa, sino también en el desarrollo de software**. Sitios como Netflix, GitHub, Dropbox o el *New York Times* funcionan gracias a tecnología desarrollada por Facebook y liberada posteriormente para que todos pudiéramos usarla. **GraphQL**, **Cassandra** (que ya es la 11.ª base de datos más usada del mundo), **PyTorch** o **React**, son algunos de sus proyectos <u>open-source</u>[3] más conocidos.

Pero más allá de la pura tecnología, **Facebook ha influido enormemente en la forma en la que se diseñan distintos servicios de software**, impulsando el uso del <u>single sign-on</u>[4], prácticamente <u>inventando el reconocimiento social</u>[5] o mostrando al mundo que desarrollar un producto es

---

[2] <https://twitter.com/nytopinion/status/1092619825535307776>.

[3] <https://opensource.facebook.com/>.

[4] <https://www.facebook.com/about/login>.

[5] <https://en.wikipedia.org/wiki/Like_button>.

genial, pero crear una plataforma en la que otros puedan desarrollar es aún mejor. El problema es que todos esos avances no siempre se han utilizado para hacer el bien.

En 2012, el investigador **Michael Kosinski** demostró que con 68 «likes» podría predecir con un 95 por ciento de precisión el color de piel de un usuario de Facebook, su orientación sexual (88 por ciento de precisión) y política (85 por ciento). Con 150 «likes» podía saber más cosas de una persona que su propia familia. Facebook construyó una plataforma que no solo permitió hacer perfiles psicológicos a millones de personas sino, también, impactarles con propaganda personalizada para desequilibrar la balanza de unas elecciones según los intereses de un tercero.

En su 15.º cumpleaños, Facebook hizo autocrítica, enumeró los retos a los que se enfrentaba y <u>cómo estaba dispuesta a solucionarlos</u>[6].

Sobre el papel, suena bien, pero es difícil no dudar de que esa lista de buenas intenciones no es más que una operación de *marketing* después de conocer que la compañía hizo lobby a nivel mundial, presionando a decenas de políticos y líderes internacionales para que <u>legislaran a favor de sus intereses</u>[7]. Entre otros, ni más ni menos que al ex-primer ministro de Irlanda que utilizó la presidencia de la Unión Europea para intentar torpedear la legislación sobre privacidad de datos personales que tanto disgustaba a Facebook.

Es fácil que las teorías conspirativas crezcan alrededor de una de las compañías tecnológicas más opacas, personalistas y jerarquizadas del mundo. A pesar de que **Mark Zuckerberg** posea «solo» el 28 por ciento de las acciones, tiene el 58 por ciento del poder de voto, lo que, básicamente, hace que la mayor red social del planeta responda solo ante sus designios y criterios, que no siempre ha podido ni querido justificar.

La acumulación de tal poder en una única persona ha hecho que muchos se pregunten: ¿es el mundo mejor o peor desde que Facebook está en él?

---

[6] <https://newsroom.fb.com/news/2019/02/addressing-challenges/>.
[7] <https://newsroom.fb.com/news/2019/02/addressing-challenges/>.

Para intentar responder esa pregunta, **vox.com** ha preguntado a quince personalidades relevantes[8] de las que, con diferentes aproximaciones y matices, emerge un mensaje común: para un medio nuevo como Facebook, que cuenta con un alcance nunca antes conocido, **no es tan importante que cometa errores como que se responsabilice de los mismos e intente arreglarlos.** Hoy por hoy, no está muy claro que quiera y sepa cómo hacerlo, entonces ¿deberíamos acabar con Facebook?

No es la primera vez que hablamos de Facebook en la Bonilista[9], pero nada ha cambiado desde entonces. **Acabar con Facebook no acabará con los problemas de privacidad y propaganda personalizada a gran escala que ha generado.**

La pregunta que debemos hacernos no es si queremos un mundo con Facebook, sino con la tecnología que lo hace posible. Dicha tecnología hace que la existencia de uno o varios facebooks sea inevitable, así que, probablemente lo más sensato que podríamos hacer como sociedad es garantizar que los ciudadanos reciben educación e información sobre cómo hacer un uso responsable de la misma y, también, dotarnos de una regulación que nos proteja de quién no lo haga. ¿Creéis que podremos hacerlo?

---

[8] <https://www.theguardian.com/technology/2019/mar/02/facebook-global-lobbying-campaign-against-data-privacy-laws-investment>.

[9] <https://www.vox.com/technology/2019/2/4/18205138/facebook-15-anniversary-social-network-founded-date-2004>.

37

LA MEJOR TOSTADORA DEL MUNDO

14 de abril de 2019

¿Os imagináis **una tostadora que fuera capaz de dejar siempre dora-dito el pan** —ni poco hecho ni quemado— sin importar si es fresco o congelado, de molde o de barra, blanco o integral? ¿Cómo os quedaríais si os dijera que esa tostadora existe y, además, es española? Antes de seguir leyendo, puedes comprobarlo por ti mismo con este <u>vídeo de un 1 minuto</u>[1].

Se supone que estas cosas siempre surgen en un garaje de Silicon Valley, pero <u>Enrique</u>[2] no vive en Palo Alto sino en Madrid, donde trabaja duro para sacar adelante su empresa y una familia con cinco hijos. Aunque siempre le gustó el cacharreo, nunca tuvo una formación técnica.

Si con dos niños pequeños el desayuno en mi casa podría romperle el Chi al mismísimo Dalai Lama, no puedo imaginar cómo gestionar el de cinco al mismo tiempo. Lo que más estresaba a Enrique era ocuparse de las tostadas. Después de tirar toneladas de pan chamuscado, se propuso hacerse con la mejor tostadora del mercado, solo para descubrir que, a pesar de existir un enorme surtido, **todas las tostadoras fun-**

---

[1]   <https://vimeo.com/186234160>.
[2]   <https://twitter.com/enriquesp_>.

cionan prácticamente igual que en 1913, cuando se lanzó el <u>primer modelo con temporizador</u>[3].

¿Os imagináis que las neveras siguieran utilizando la misma tecnología que en 1913, cuando también se lanzó el primer modelo para particulares, que básicamente era una caja sobre un bloque de hielo? Mientras el resto de electrodomésticos han evolucionado, la tostadora sigue anclada en el pasado. Quizás por eso **causan más de 800 muertes al año**, <u>cien veces más que los tiburones</u>[4], entre electrocuciones e incendios.

Enrique no podía creer que nadie hubiera descubierto una solución mejor, así que se tomó como un reto personal diseñar y construir la mejor tostadora del mundo. Una que, en vez de dorar el pan sin ningún criterio, fuera *adorada* por él mismo.

En 2007 empezó a buscar distintas soluciones como un entretenimiento de fin de semana. Experimentó con **fotodiodos, para medir la luz reflejada por el pan** —usando bloques de resina y cristal tem-

---

3 <https://www.sutori.com/story/the-history-of-the-electric-toaster--mAi-82JPX8tNdzSA5L5jn21Dr>.

4 <https://www.timetoast.com/timelines/refrigerators-7cea4aec-7416-4f1c-9d78-92e49abc2ec3>.

plado con mica, para protegerlos del calor— conectados a un ordenador para hacer mediciones.

Con un solo diodo midiendo la luz de una zona amplia se perdía precisión, pero usar el número necesario para la calidad que quería Enrique era carísimo. Así que se le ocurrió usar una cámara que —en el fondo, muy en el fondo— es como la suma de miles de fotodiodos[5].

Hizo algunas pruebas y calculó que un producto así **podía costar en la calle alrededor de 3.000 euros —recordad que estamos en 2007—, un precio absurdo para una tostadora**, así que decidió aparcar el proyecto hasta que la tecnología fuera más asequible. Lo que sí hizo fue intentar patentar todo lo que había descubierto, toda una aventura en sí mismo.

Una patente nacional solo te protege durante un año. A partir de ese momento, es pública y cualquiera podría copiarte y patentar tu invento en otro país donde tú no lo hayas hecho. Y, para poder hacerlo, tienes que traducir los textos originales y adaptarlos a la normativa y legislación locales. Enrique intentó patentar su invento en Japón, China, Estados Unidos y la Unión Europea. Pronto, los costes empezaron a dispararse y renunció a la patente china y la japonesa. Aún así, **lleva gastados en patentes más de 70.000 euros**. Puede que la tostadora de Enrique sea la mejor del mundo, pero lo que nadie puede discutirle es que es la más cara.

Con la llegada de la Raspberry Pi[6] y la electrónica DIY, Enrique retomó el proyecto en 2014 y lo primero que hizo fue construir una prueba de concepto —la tostadora que ya habéis visto en el vídeo del inicio[7]— y esta funcionó a la perfección: **era capaz de determinar si un alimento estaba más o menos cocinado en base a la luz que reflejaba**.

Con su prototipo bajo el brazo **buscó financiación, pero encontró todas las puertas cerradas**, bien porque los inversores nacionales de capital-riesgo no suelen invertir en hardware, bien porque no tenía un equipo que le arropara. Visitando ferias del sector contactó con fabrican-

---

[5] <http://blogs.reuters.com/environment/2008/01/17/toasters-deadlier-than-sharks/>.

[6] <https://es.wikipedia.org/wiki/Fotodiodo>.

[7] <https://es.wikipedia.org/wiki/Raspberry_Pi>.

tes nacionales e internacionales que, en un primer momento, parecían entusiasmados con su tostadora, pero cuyas propuestas siempre quedaban en nada. Todo eso no desanimó a Enrique que, a pesar de todo, decidió seguir adelante.

Invirtió más dinero en convertir su prueba de concepto artesanal en un prototipo que pudiera ser fabricado en serie. Al poco, descubrió que la firma de ingeniería le estaba entregando diseños defectuosos —por ejemplo, con un cableado que no podría resistir las altas temperaturas de un horno o una tostadora— para poder justificar y facturar diferentes iteraciones del mismo. Cuando llevaba gastados otros 40.000 euros, decidió dejar de contratar a terceros y trabajar en el prototipo él mismo.

En paralelo, en 2015, nació Brava[8], una compañía que quería fabricar un horno inteligente, capaz de cocinar diferentes alimentos al mismo tiempo y asegurarse de que todo estuviera en su punto —ni crudo ni muy hecho— usando una cámara interna para capturar la textura de la superficie de la comida y determinar si esta ya estaba perfectamente cocinada. En el momento en el que el horno detectara que los alimentos estaban listos para ser consumidos, se apagaría solo.

¿No os recuerda *ligeramente* a la tecnología patentada y desarrollada por Enrique? Pues ahí es donde acaban las similitudes, porque la compañía californiana no es ni mucho menos un *one-man army*, sino una *startup* de libro que **en 2016 levantó una ronda de 12 millones de dólares** y en 2017 ya tenía 46 empleados y una segunda ronda de inversión que, como mínimo, le proporcionó otros 12-15 millones extra[9]. Enrique no podía competir contra algo así —nadie podría— así que solo le restaba hacer valer las patentes que tanto le había costado conseguir, pero eso es más sencillo en la teoría que en la práctica.

Para iniciar un juicio de patentes contra Brava, **los abogados norteamericanos le han avisado de que el coste de un pleito así ronda los 500.000 dólares**, sin que por supuesto nadie le garantice que vaya a ganar y recuperarlos. Aunque Enrique tuviera ese patrimonio, aunque

---

8   <https://vimeo.com/186234160>.

9   <http://web.archive.org/web/20180329093630/http:/www.brava.com/>.

vosotros lo tuvierais... **¿arriesgaríais todo lo que tenéis —el hogar de vuestros hijos— por perseguir vuestro sueño?**

Ahora, Enrique se encuentra en una encrucijada. La última vez que hablé con él me dijo que estaba convencido de que con el 1 por ciento de la financiación que había logrado Brava, alrededor de 300.000 euros, podría llevar su prototipo a la producción en serie y lanzarlo a la venta. Pero me temo que **no son solo 300.000 euros sino todo un océano lo que separa a Enrique de ver su tostadora en el mercado.** Mientras él seguiría corriendo con la lengua fuera para poder obtener la certificación necesaria para vender dispositivos electrónicos en diversos mercados o mantener el software que dote de <u>distintas funcionalidades a su horno/tostadora</u>[10], sus competidores extranjeros contarían con los recursos necesarios para aplastarle, aunque solo sea por agotamiento. Da igual que gane la primera batalla a Brava, después le esperaría <u>June</u>[11] y después <u>Miele</u>[12] y, después, <u>otro</u>[13].

Su principal problema es que ha nacido en el lugar equivocado. Uno en donde, en vez de invertir en tostadoras, se prefiere invertir en los locales —bares, restaurantes, cafeterías— que las contienen. Hoy por hoy, **este no es país de tostadoras sino de tostadas.** Por eso, supongo que deberíamos resignarnos al hecho de que la mejor tostadora del mundo no sea española... ¿Deberíamos?

---

[10] <https://techcrunch.com/2017/05/17/despite-a-fickle-market-for-fancy-home-appliances-new-investors-get-behind-brava-home/>.

[11] <https://juneoven.com/>.

[12] <https://revolutionaryexcellence.miele.com/en/dialog-oven>.

[13] <https://news.crunchbase.com/news/diminished-not-dead-kitchen-tech-post-juicero-world/>.

38
EL PÍVOT
17 de julio de 2022

Uno de los falsos mitos más extendidos en el mundillo estartapil es que los emprendedores más exitosos son visionarios que tienen muy claro su objetivo y están dispuestos a arriesgar cualquier cosa hasta lograrlo.

La realidad es un poquito más complicada, como nos recuerdan estos cinco *pivots* —o cambios significativos en la estrategia de una compañía para probar un nuevo enfoque de producto o modelo de negocio— que, además, modelaron Internet:

YouTube

Aunque muchos no lo recuerden, YouTube se lanzó el día de San Valentín en 2005 como un portal de «video-ligoteo»[1]. **La idea original era que la gente subiera vídeos presentándose y explicando qué es lo que buscaban en una pareja**, pero no acabó de cuajar, así que no se les ocurrió otra cosa mejor que poner anuncios en Craiglist ofreciendo 20 dólares

---

[1] <https://medium.com/cornertechandmarketing/the-story-of-youtube-s-history-as-a-dating-site-164dfae475a4>.

a las mujeres que se atrevieran a publicar un vídeo. Para sorpresa de nadie, ni una sola aceptó.

El equipo decidió abandonar su propuesta inicial y abrir la plataforma a cualquier tipo de vídeo. En abril, Jawed Karim —uno de los fundadores— subió el primer vídeo público de YouTube, «Yo en el zoo», que aún está disponible[2].

Un mes después, YouTube lanzó la nueva versión de su sitio y empezó a cosechar más de 30.000 visitas al día. En apenas medio año, 2 millones de usuarios visitaban el portal cada día. En octubre de 2006, Google compró la compañía por 1.650 millones de dólares. El resto, es historia.

INSTAGRAM

Gracias a su título de Stanford y una experiencia de tres años en Google, Kevin Systrom consiguió 500.000 dólares de Marc Andressen y Ben Horowitz para lanzar Burbn —una aplicación para poder **hacer check-in**

---

[2]   <https://www.youtube.com/watch?v=jNQXAC9IVRw>.

en distintas localizaciones compartiendo una foto de las mismas—
en 2010, pero nunca pasó de los 100 usuarios activos.

Sus inversores le explicaron que una de sus mayores debilidades era
ser el único fundador de la compañía, así que cedió el 10 por ciento de sus
participaciones a su compañero de universidad Mike Krieger para incor-
porarle como socio. Pronto, el dúo se dio cuenta de que Burbn era muy
complicada, así que **eliminaron todas las funcionalidades menos una,
la de compartir fotos. Y la renombraron como «Instagram».**

Apenas una semana después del relanzamiento, tenían 100.000 usuarios[3]. En 2012, Facebook compró la compañía de trece empleados por
1.000 millones de dólares.

Pero, más allá de lo folclórico, lo más interesante que podemos
extraer del análisis de diferentes pivots es el «mínimo común múltiplo»
de todos ellos. El caldo de cultivo necesario para que estos se produzcan.
Cuando todo va mal, cuando lo más fácil es tirar la toalla y volver a empezar, cuando la visión y misión original han cambiado por completo... **¿qué
empuja a una empresa a hacer todo lo posible para perdurar?**

Si un equipo es un «grupo de personas que se organiza para realizar
una actividad o trabajo» y el mismo lucha por permanecer unido a pesar
de que eso implique cambiar esa actividad o trabajo, **quizás la clave esté
en cómo se organiza, en eso que algunos llaman «cultura»,** en los valores que comparten, en las acciones que se recompensan y las que se pena-
lizan, en la forma de compartir los éxitos y los fracasos.

Hay muchísima literatura sobre cómo hacer que un equipo técnico
sea más productivo, pero en un sector como el tecnológico —donde casi
nadie sabe lo que estará «produciendo» en seis meses y las empresas se
quejan constantemente de la altísima rotación[4]— a lo mejor **tendría sentido que también invirtiéramos algo de tiempo en averiguar qué hace
que un equipo permanezca unido.**

---

[3]   <https://techcrunch.com/2010/09/20/instagram/?_ga=2.155007740.573598656.
1657735037-1900643061.1654749633>.

[4]   <https://www.eleconomista.es/empleo/noticias/11836689/06/22/La-rota-
cion-en-las-tecnologicas-se-dispara-hasta-el-35-de-sus-plantillas-.html>.

¿Crees que el tuyo lo haría si, de repente, os pusierais a hacer algo radicalmente distinto sin ninguna garantía de éxito?

39
EL CUMPLEAÑOS DE AARON
8 de noviembre de 2020

Hoy, mi hija Irene cumple ocho años. También hubiera cumplido Aaron Swartz —treinta y cuatro— si no se hubiese suicidado, ahorcándose con su propio cinturón. Hoy es un día tan bueno como cualquier otro para recordar su legado.

Se ha escrito muchísimo sobre sus logros y contribuciones técnicas. Los que ya las conozcáis, podéis saltaros todo el texto hasta después de la foto, ahí es donde empieza su verdadera historia. Los que aún no sepáis quién es Aaron Swartz, **probablemente os sorprenderéis al descubrir que el autor de muchas tecnologías y servicios que usáis en vuestro día a día fue un niño prodigio** que sorprendió a todos tanto por su habilidad como programador como por su increíble precocidad.

Con solo trece años —en 1999, décadas antes de que la inteligencia artificial y el *machine learning* se hicieran populares— creó <u>theinfo.org</u>[1], **una biblioteca** *online* **de grandes volúmenes de datos con los que poder investigar**. Eso le hizo ganar el premio ArsDigita y le permitió entrar en contacto con la Comunidad tecnológica.

---

[1]   <http://theinfo.org/>.

Con apenas catorce años y el apoyo de sus padres, deja el instituto por considerarlo una pérdida de tiempo. En esa misma época forma parte del grupo de trabajo que creó <u>la especificación 1.0 del sistema de sindicación RSS</u>[2].

En 2001, a los quince, fue uno de los creadores e impulsores de <u>Creative Commons</u>[3] —un armazón legal para poder crear y distribuir contenidos libres de *copyright*— y el desarrollador del código necesario para darle soporte.

En 2004, con dieciocho, Aaron creó <u>markdown</u>[4] **junto a John Gruber**, un lenguaje de marcado sencillo que permite a la gente escribir texto formateado fácil de escribir y de entender que, posteriormente, podía convertirse en HTML.

Ese mismo año se matricula en Stanford y, en verano, se enrola en el primer programa de verano de la aceleradora Y Combinator. No volvería a la universidad. Funda Infogami, una *startup* que pretendía lanzar un CMS *online* que permitiera a cualquiera crear su propia web. Como no consiguió la inversión necesaria para seguir desarrollando la tecnolo-

---

2   <https://en.wikipedia.org/wiki/RSS>.

3   <https://creativecommons.org/2013/01/12/remembering-aaron-swartz/>.

4   <https://en.wikipedia.org/wiki/Markdown>.

gía, los organizadores de Y Combinator le aconsejaron que fusionara su empresa con otra de las *startups* de la aceleradora... **Reddit, de la que se le considera cofundador**, que se lanza usando la tecnología que Aaron había desarrollado originalmente para su propia startup.

Sin embargo, **la mayor contribución de Aaron para construir el Internet que hoy conocemos no fueron sus logros técnicos sino su activismo político,** que desarrolló a lo largo de toda su vida, pero que se aceleró especialmente a partir de la compra de Reddit por Condé Nast en 2006.

Tenía todo lo que un joven programador podía desear: un buen trabajo en una de las webs más cool de Silicon Valley, el reconocimiento de sus colegas y un montón de ceros en su cuenta corriente. Pero eso no era lo que quería Aaron. Apenas sobrevivió unos meses en el mundo corporativo hasta que consiguió que lo despidieran. A partir de ahí, comienza su verdadera historia.

Aunque solo se supo después de su muerte, ese mismo año —en 2006— Aaron se hizo con todos los datos bibliográficos de la Biblioteca del Congreso. Ese fichero se convirtió en los cimientos de lo que llegaría a ser Open Library[5].

En 2008, descargó casi 3 millones de documentos para **crear una alternativa a PACER**, el servicio público de archivo digital de sentencias judiciales que obliga a los ciudadanos estadounidenses a pagar por acceder a esa documentación de dominio público. También lanzó watchdog.net[6], un sitio donde recopilar y publicar datos sobre los políticos americanos, especialmente de dónde salía el dinero con el que financiaban sus campañas.

En 2009, con veintidós años, escribió el famoso Guerrilla Open Access Manifesto[7], en el que llamaba a liberar la información científica y técnica

---

[5]   <https://en.wikipedia.org/wiki/Open_Library>.

[6]   <https://web.archive.org/web/20081218224434/http:/watchdog.net/p/nancy_pelosi>.

[7]   <https://archive.org/stream/GuerillaOpenAccessManifesto/Goamjuly2008_djvu.txt>.

restringida por corporaciones y editoriales, afirmando que compartir libremente un conocimiento que podía fomentar el progreso de la humanidad no era una opción sino una obligación moral. Ese mismo año consiguió un trabajo como becario en la oficina del congresista demócrata Alan Grayson porque quería saber cómo funcionaba la Administración por dentro para averiguar cómo podría cambiarla.

En 2010 fundó <u>Demand Progress</u>[8], una ONG para luchar contra las leyes que pretendían censurar Internet, especialmente la SOPA o *Stop Online Piracy Act*, que permitía cerrar cualquier web sobre la que pendiera una reclamación de copyright en vez de simplemente obligar a retirar los contenidos que vulneraran derechos de autor. A pesar de tener en contra a toda la poderosa industria discográfica y cinematográfica, la protesta de millones de activistas *online* que cristalizó en el famoso «<u>apagón</u>»[9] —en el que cientos de miles de webs autocensuraron sus contenidos, incluyendo la Wikipedia o Google— consiguió que la propuesta de ley fuera retirada. En su charla <u>How we stopped SOPA</u>[10] podemos ver a un apasionado Swartz explicando cómo se libró una batalla que parecía imposible de ganar.

En septiembre de ese mismo año, Aaron descargó cientos de miles de documentos de JSTOR —una base de datos de pago de artículos y publicaciones científicas— conectando un disco duro a la red del MIT sin advertir que era grabado por una cámara de seguridad. El 6 de enero de 2011 fue arrestado.

Nunca se supo qué quería hacer Aaron con los datos, pero sí que no había obtenido beneficio alguno con los mismos ni los había distribuido. Cuando los devolvió, JSTOR renunció a presentar cargos pero, a pesar de todo, las autoridades no cesaron en su empeño, probablemente, intentando dar ejemplo con Swartz y un «aviso a navegantes» en un momento en el que WikiLeaks estaba en boca de todos por <u>revelar cientos de miles</u>

---

[8] <https://demandprogress.org/>.

[9] <https://www.theguardian.com/commentisfree/cifamerica/2012/jan/18/sopa-blackout-protest-makes-history>.

[10] <https://www.youtube.com/watch?v=Fgh2dFngFsg>.

de mensajes[11] en los que se podía apreciar la injerencia de Estados Unidos en la política de terceros países como, por ejemplo, el impulso de «la Ley Sinde» en España[12].

Los fiscales usaron la anticuada CFAA (*Computer Fraud and Abuse Act*), una ley de 1986 impulsada por la película *Juegos de guerra* —sería gracioso si no fuera por sus trágicas consecuencias— y **ampliaron la petición de cargos a Aaron a más de un millón de dólares de multa y hasta treinta y cinco años de cárcel**. Le ofrecieron que se declarara culpable a cambio de pasar seis meses en una cárcel de baja seguridad, pero eso supondría contar con antecedentes penales y el fin de cualquier aspiración política que tuviera Aaron.

En enero de 2013, tres meses antes de que comenzara el juicio oral, la oficina del fiscal rechazó formalmente un acuerdo propuesto por los abogados de Aaron que lo habría salvado de ir a prisión. Dos días después, el 11 de enero, se suicidó colgándose con su propio cinturón en su apartamento de Brooklyn. Tenía veintiséis años.

Con la muerte de Aaron, la Comunidad tecnológica no perdió solo a un buen técnico y un activista, sino también a **un referente que nos recordaba constantemente que el trabajo de un programador podía impactar a toda la sociedad en su conjunto**, y sus ambiciones legítimas escapar más allá del ideal que nos vende Silicon Valley: fundar, trabajar, vender y enriquecerse con la enésima *startup* de turno.

Siete años después de la muerte de Aaron no hemos aprendido NADA. La mayoría de técnicos no solo ignoran por completo la política a la hora de evaluar su trabajo y reflexionar sobre su profesión —como si la misma se ejerciera en una realidad paralela, sin ninguna influencia sobre las vidas de los que nos rodean—, sino que desprecian profundamente a cualquiera que lo haga. Un «buen programador» se debe dedicar solo a programar, al igual que un buen soldado solo debe dedicarse a disparar,

---

[11]   <https://en.wikipedia.org/wiki/United_States_diplomatic_cables_leak>.
[12]   <https://ecodiario.eleconomista.es/espana/noticias/2651983/12/10/Wikileaks-115-cables-filtrados-sobre-la-Ley-Sinde.html>.

no a pensar el propósito de su trabajo. Eso es propio solo de «vendehumos» y gurús de tres al cuarto.

Siete años después de la muerte de Aaron hemos llegado a un punto en el que la palabra «idealista» solo se utiliza de forma peyorativa en nuestra industria, para señalar al inocente que aún cree que puede cambiar las cosas, hasta que madure y comprenda cómo funciona el mundo.

Siete años después de la muerte de Aaron, en esa Europa que aún mira con cierta superioridad intelectual y moral a Estados Unidos, nos hemos comido una Ley muy similar a la SOPA[13] que él y millones de activistas consiguieron parar. Y nos la hemos comido sin hacer NADA. Sin presentar batalla.

Siete años después de la muerte de Aaron sigo echándolo de menos y creo que su voz es más necesaria que nunca. Supongo que el mejor regalo de cumpleaños que podría hacerle sería impedir que su historia sea olvidada[14] y seguir defendiendo los valores y principios por los que luchaba. Quizás solo soy un idealista que necesita madurar y comprender cómo funciona el mundo, pero ¿quién sabe? A lo mejor el próximo Aaron está leyendo este texto. Todo es posible.

---

[13]   <https://mailchi.mp/bonillaware/articulo13>.
[14]   <https://archive.org/details/LaHistoriaDeAaronSwartzElHijoDeInternet>.

40
EL LEGADO DE BARNES
10 de diciembre de 2017

Layne supo que algo iba mal en cuanto llegó al apartamento que compartía con su novio en el coqueto barrio de Nob Hill en San Francisco. La puerta no estaba cerrada y eso no era propio de Barnes. El salón estaba revuelto y el cubo de basura lleno de botellas de cerveza —como casi siempre—, pero la casa la recibió silenciosa como nunca.

Cuando entró en el dormitorio, comprendió por qué. Allí —tendido en la cama en ropa interior, rodeado de papelinas e inhaladores— yacía el cuerpo sin vida de Barnes, más conocido como **Barnaby Jack**, uno de los mejores *hackers* de toda la historia.

Podría parecer un final acorde con el carismático e irreverente *hacker*, el alma de la fiesta de toda conferencia de seguridad informática a la que acudiera. Alguien capaz de pasearse por Las Vegas en pleno verano con un abrigo de falsa piel de leopardo, solo para hacer reír a sus compañeros; o cerrar la noche de Ámsterdam en un hospital, acompañando a otro *hacker* y amigo que —después de un montón de rondas— se acababa de desmayar y abrir la cabeza en un bar. Las anécdotas que se contaban sobre él eran innumerables, pero todas coincidían en una cosa: a la hora de salir de marcha, si Barnaby Jack tuvo algún límite nadie lo conoció jamás.

Como casi siempre, la historia es un poco más complicada de lo que una simple necrológica, una noche de juerga o incluso <u>su propia autopsia</u>[1] pueden revelar.

Era conocido en el mundillo desde finales de los noventa y había sido un pionero explotando vulnerabilidades en los productos de Microsoft. Su trabajo transformó a la compañía de Redmond, que empezó a tomarse la Seguridad Informática mucho más en serio. Pero desde 2010 era considerado una estrella del sector tras mostrar en directo cómo hackear <u>un cajero automático para que empiece a escupir billetes</u>[2].

Se plantó allí con un traje negro, su adorable acento neozelandés y una pasmosa tranquilidad que hizo que lo imposible pareciera fácil. Sin embargo, detrás de esos minutos de gloria había miles de horas de duro trabajo, desde 2008, cuando compró dos cajeros en eBay. Se justificó ante el atónito repartidor de FedEx que los instaló en su apartamento de San José con la excusa de que no quería pagar comisiones bancarias.

Desmenuzó el software bit a bit hasta entender cómo funcionaba y, en 2009, consiguió reventar el sistema. Podría haber utilizado su descubrimiento para enriquecerse, pero Barnaby era un «*hacker* de sombrero

---

[1] <https://es.scribd.com/doc/196531876/Barnaby-Jack-Autopsy-Report>.
[2] <https://www.youtube.com/watch?v=qwMuMSPW3bU>.

blanco», uno de *los buenos*, y encontrar vulnerabilidades en sistemas informáticos —para parchearlas, antes de que *los malos* las usaran en beneficio propio— era la segunda cosa que más le gustaba en la vida. La primera, era su familia.

Por eso, a pesar de recibir múltiples ofertas de trabajo, se negó a abandonar Nueva Zelanda cuando a su padre le diagnosticaron cáncer de próstata. Mike Jack murió en 2003, con su hijo Barnaby al lado de su cama.

Sus amigos creen que, en realidad, nunca superó esa pérdida y su obstinación por vivir en una fiesta continua no era más que una forma de luchar contra la tristeza. En 2012, en el cénit de su carrera, escribió un correo electrónico a su hermana en el que confesaba que, a pesar del reconocimiento, sus innumerables compañeros de farra y su novia... nunca conseguía sentirse plenamente feliz.

Su trabajo le empujaba a seguir adelante, pero también le consumía. En el mismo correo electrónico, reconocía sentirse presionado por la fama. Todos esperaban de él que descubriera «the next big thing»... y, una vez más, lo consiguió.

En octubre de 2011, en la McAfee Focus, mostró cómo hackear una bomba de insulina a 90 metros de distancia, consiguiendo que esta administrara una cantidad varias veces superior a la dosis letal para el paciente estándar.

En 2012, en la conferencia BreakPoint celebrada en Melbourne, muestra por primera vez cómo hackear un marcapasos.

En 2013, pretendía demostrar en la conferencia Black Hat que era posible hackear múltiples dispositivos médicos e implantes cardiacos —algo que permitiría asesinar a distancia a <u>cualquiera que tuviera implantado un marcapasos o un desfibrilador</u>[3]— pero no fue posible. Murió una semana antes por una sobredosis letal de Speedball, una combinación de heroína y cocaína.

Los amantes de la Teoría de la Conspiración quisieron ver una mano negra detrás de su muerte, pero Layne y algunos amigos confirmaron al

---

[3] <https://www.youtube.com/watch?v=qwMuMSPW3bU>.

Departamento de Policía de San Francisco que Barnaby consumía opiáceos de forma habitual. El personaje parecía haber devorado a la persona.

Una persona que era mucho más que el fiestero hedonista al que todos adoraban. Pocos sabían que, en el momento de morir, Barnaby cobraba un sueldo de 200.000 dólares —bajo para alguien con sus habilidades y estatus dentro de la Comunidad Hacker— a cambio de poder dedicar hasta el 85 por ciento de su tiempo a sus propias investigaciones. Unas investigaciones que cambiaron el mundo y lo hicieron más seguro.

Sus revelaciones impulsaron a Medtronics, uno de los principales fabricantes de instrumental médico del mundo, a contratar equipos de seguridad y coordinarse con el Departamento de Seguridad de Estados Unidos para intentar evitar que sus dispositivos fueran hackeados.

Pero Barnaby no solo cambió el mundo, también me cambió a mí. Cuando daba mis primeros pasos en el mundo del software despreciaba profundamente a los *hackers*. No podía entender cómo alguien prefería dedicar su tiempo e intelecto a destruir en vez de crear. A reventar sistemas en vez de construirlos. El trabajo de gente como Barnaby Jack me enseñó hasta qué punto estaba equivocado.

Un buen *hacker* no se dedica a romper software sino a llevarlo al límite para comprobar si contiene alguna vulnerabilidad que permita usarlo de forma distinta a la que concebimos. **Un buen hacker no destruye nuestro trabajo, lo completa. Lo mejora.** En un sector donde la ética y la privacidad de los usuarios quedan demasiadas veces en segundo plano, los *hackers* son una voz que nos conciencia de las implicaciones de lo que hacemos.

Para lograrlo, Barnes –como llamaban a Barnaby sus familiares y amigos— investigaba, avisaba con discreción del resultado de sus averiguaciones a las empresas afectadas y, tiempo después, las divulgaba dando charlas. Algo que detestaba, pero también consideraba «un mal necesario» para generar un verdadero impacto. En apenas treinta y cinco años de vida, Barnaby Jack lo consiguió. Ese es su legado. Descanse en paz.

41
EL FIRMWARE QUE PUEDE GANAR UNA GUERRA
13 de marzo de 2022

Todos hemos visto esas icónicas imágenes de paisanos ucranianos llevándose, con sus tractores, <u>costosísimo equipamiento militar ruso</u>[1] que se ha quedado sin combustible. Lo que pocos saben es que, probablemente, eso no hubiera sido posible si los informáticos ucranianos no hubieran hackeado antes el firmware de esos tractores, no ya para contribuir al esfuerzo de guerra de su país sino para ayudar a miles de granjeros de Kansas, Nebraska o Minnesota.

Esos tractores llevan el verde y oro de John Deere, uno de los principales fabricantes de maquinaria agrícola del mundo. Ganan mucho dinero vendiendo sus tractores y cosechadoras, pero saben que podrían ganar más aún si monopolizaran el mantenimiento y sus reparaciones.

Por eso, a sus ejecutivos les pareció una buena idea implementar sensores en todas las piezas de los vehículos y gestionar los mismos con **un firmware que impide que los tractores arranquen si detecta una parte que no ha sido «aprobada» con un software que solo tienen los concesionarios oficiales**. El mismo GPS que los granjeros usan para asegu-

---

[1] <https://twitter.com/JimmySecUK/status/1499858822990639104>.

rarse de que han arado cada rincón de su parcela es utilizado para comprobar si han estado en un concesionario de la marca o no. Una auténtica
versión campestre de «1984».

Imaginad la contrariedad que puede suponer para un agricultor que
se le escacharre el tractor en plena cosecha y tenga que remolcarlo dos-
cientos kilómetros para repararlo en un concesionario oficial o pagarle
el vuelo a un técnico para que venga a repararlo sobre el terreno. Pero
los granjeros no podían quitar ese software de mierda de su propio equipamiento por una interpretación torticera del artículo 1201 de la DMCA,
o Digital Millennium Copyright Act, que impide «eliminar cualquier sistema de protección que controle el acceso a software con copyright».

La solución llegó del este en forma de firmware ucraniano[2] que permitía **piratear tu propio tractor para poder repararlo cómo, dónde
y cuándo quisieras**. John Deere consiguió de una tacada convertir en
«*hackers*» a la inmensa mayoría de granjeros y agricultores norteamericanos y, de paso, impulsar el floreciente mercado de «software pirata» de
Europa del este.

---

[2]   <https://www.vice.com/en/article/xykkkd/why-american-farmers-are-hac-
king-their-tractors-with-ukrainian-firmware>.

En 2015, la Administración norteamericana contempló una serie de excepciones en la aplicación del artículo 1201 que incluía móviles, *tablets*, coches y... tractores. ¿Qué hizo John Deere? Hacer que sus clientes firmaran un acuerdo en el que reconocían que **no eran dueños de sus propios tractores sino que, al comprarlos, lo que realmente adquirían era una «licencia de uso»** por la totalidad de la vida útil del vehículo. Ya no podían perseguir a los desarrolladores ucranianos, pero podrían demandar a sus propios clientes. <u>Tan disparatado como suena</u>[3].

En 2018, una nueva lista de <u>exenciones al artículo 1201</u>[4] permitió que no solo los propietarios, sino también terceros —como talleres y mecánicos independientes— puedan alterar el firmware de los vehículos, pero John Deere siguió **haciendo todo lo posible para que los granjeros y agricultores no puedan reparar sus equipos por su cuenta**. Esto provocó toda una <u>revolución rural en Estados Unidos</u>[5], que ha desembocado en un puñado de iniciativas legislativas para defender «el derecho a reparar». La realidad nos ha demostrado con toda crudeza hasta qué punto ese derecho es necesario. Sin ese «software pirata» es muy posible que no quedara ni un solo tractor John Deere funcionando en Ucrania.

No deja de ser paradójico que una tecnología creada para frustrar las prácticas monopolistas de una gran corporación les haya proporcionado la <u>campaña de publicidad más efectiva y barata de la historia</u>[6].

Mientras me adentraba más y más en la fascinante historia del firmware ucraniano, empecé a preguntarme si la legislación europea permitiría semejante atropello. Supuse que si existía alguna ley que nos impedía modificar hardware de nuestra propiedad, debía contener el mismo argumento jurídico que permitía a los fabricantes rescindir la garantía de forma unilateral si modificábamos o —en algunos casos— simplemente abríamos cualquiera de sus dispositivos.

---

[3] <https://www.wired.com/2015/04/dmca-ownership-john-deere/>.

[4] <https://es.ifixit.com/News/11951/1201-copyright-final-rule>.

[5] <https://www.bloomberg.com/news/articles/2022-01-20/john-deere-is-facing-a-farmer-revolt-over-the-right-to-repair>.

[6] <https://twitter.com/Osinttechnical/status/1500475231215001604>.

No la encontré. La conclusión a la que llegué es que **no hay ninguna ley que permita a un fabricante anular de forma automática y unilateral tu garantía por el hecho de abrir un dispositivo**. Tampoco por sustituir una pieza de software o hardware:

- Una compraventa es un acuerdo privado entre dos partes. Tanto al comprar una casa como una lavadora.
- A veces, hay tal asimetría entre ambas partes —como en el caso de un banco que vende productos financieros y sus clientes— que se crea una legislación específica para salvaguardar a esa parte más desprotegida. Por ejemplo, la Ley General para la Defensa de los Consumidores y Usuarios.
- Desde el 1 de enero de 2022, en España está en vigor el Texto Refundido de la <u>Ley General para la Defensa de los Consumidores y Usuarios</u>[7] (TRLGCU), en el que introduce las modificaciones necesarias para trasponer la Directiva Europea (UE) 2019/771 de 20 de mayo de 2019.
- La Ley determina que, **durante «tres años en el caso de bienes o dos años en el caso de contenidos o servicios digitales», los fabricantes deben garantizar la reposición o reparación de los productos fabricados si surgen fallos** que impidan «la funcionalidad, compatibilidad, interoperabilidad y demás características» esperadas; y no les hagan «aptos para los fines a los que normalmente se destinen bienes o servicios del mismo tipo».
- **Una de las pocas que puede eximir al fabricante de hacerse cargo de esa garantía es su mal uso.**
- **Durante los dos primeros años, es el fabricante el que debe demostrar ese mal uso.** Después, se invierte la carga de la prueba y es el usuario el que debe demostrar que el fallo se debe a un problema de fabricación.

---

[7] <https://www.boe.es/buscar/act.php?id=BOE-A-2007-20555>.

Excepto que modifique sustancialmente el funcionamiento de un dispositivo o lo haga funcionar fuera de sus especificaciones, durante esos dos primeros años es el fabricante —no el consumidor— el que debe demostrar que las modificaciones han provocado un mal uso del mismo.

Otra cosa es que, al desmontar un dispositivo, tengas muchas probabilidades de cargártelo. Otra cosa, también, es que aunque la ley te dé la razón, el fabricante lo asuma de buen grado. Es probable que tengas que poner una reclamación y esperar a que la misma se resuelva.

De todo este tema, lo más preocupante es que **la inmensa mayoría hemos dado por hecho y aceptamos mansamente que no tenemos derecho a abrir nuestra cafetera o nuestro** *router*... y algunos crean que no deberíamos tenerlo. Los que justifican que la modificación del software incluido en hardware comercial debe ser directamente ilegal o al menos implicar la pérdida automática de la garantía, argumentan que podrían darse casos como la sustitución del software de la centralita que controla el motor de un coche, para que este corra más o incumpla la normativa de emisiones. Es verdad, pero si el consumidor corre más de lo debido o emite más gases de los permitidos —algo que, por cierto, ya hizo <u>Volkswagen «de fábrica»</u>[8]— se debe aplicar el reglamento de tráfico y la legislación medioambiental, no la Ley de Consumo. **La mera posibilidad de que alguien pueda aprovecharse de ella nunca debería justificar la pérdida de libertad alguna**.

Cada vez que vea un tractor ucraniano en las noticias, será imposible no recordarlo.

---

[8] <https://es.wikipedia.org/wiki/Esc%C3%A1ndalo_de_emisiones_contaminantes_de_veh%C3%ADculos_Volkswagen>.

42
HECATOMBE MADISON
30 de agosto de 2015

La brecha de seguridad en la web **Ashley Madison** es una de las mayores crisis de credibilidad que ha sufrido Internet en los últimos tiempos. Sin embargo, la mayor parte de profesionales no se ha enterado —o no se ha querido enterar— de hasta qué punto ha expuesto los pecados y miserias de nuestra industria.

El 15 de julio, el grupo de *hackers* «The Impact Team» robó los datos de 32 millones de usuarios de la web de relaciones adulteras Ashley Madison y advirtió que los haría públicos si la empresa no cerraba la página en menos de un mes. El 18 de agosto hizo efectiva su amenaza, difundiendo 25 GB de información que, probablemente, es **la mayor filtración de datos personales en la historia de Internet**.

Una filtración fascinante, desde el punto de vista técnico. Este documento filtrado sobre el stack tecnológico de Ashley Madison[1], por ejemplo, contiene perlas como está descripción sobre PINF, el *framework* de desarrollo creado por la propia empresa: «No one knows what the

---

[1]   <https://drive.google.com/file/d/0B8lt9GVo1oPscm9oQXlZdy01dmM/view>.

acronym PINF is meant to stand for. Much of the code is a decade old and most of it is nonsense».

Fascinante también por **su capacidad para retratarnos como colectivo**. Y es que, el incidente ha puesto de manifiesto tres problemas de la industria del software que nadie sabe o quiere resolver.

Primero, unos **medios de comunicación que en su mayoría siguen sin saber por dónde sopla el viento** cada vez que salta a portada una noticia relacionada con software. El artículo más popular sobre los datos filtrados[2] hace un análisis de los mismos que cualquier estudiante de segundo año de Ingeniera Informática podría replicar: importar el dump de datos de MySQL y tirar selects con un WHERE y un LIKE[3]. Ingeniera espacial, vaya.

Casi ninguno –desde luego, ninguno español— se ha planteado que *carallo* hacía Ashley Madison guardando, supuestamente, información sobre las tarjetas de crédito de sus usuarios. Cualquiera que tenga un mínimo de experiencia montando cosas en Internet sabe que eso es

---

[2]   <http://gizmodo.com/almost-none-of-the-women-in-the-ashley-madison-database-1725558944>.

[3]   <http://greenshines.com/wp-content/uploads/2015/08/CNMB6TzVEAEPu9p.jpg>.

un DISPARATE porque, la lista de requisitos legales y técnicos necesarios para hacerlo es tan larga, que solo lo hacen las propias pasarelas de pago.

Segundo, porque ese simple análisis de los datos demuestra que la mayoría de perfiles de mujeres en Ashley Madison eran falsos. Algo por lo que todo el mundo ha puesto el grito en el cielo antes de hacer un poco de autocrítica en **un sector donde la transparencia es una excepción, no la norma**. Un sector donde la definición de «éxito» de una *startup* no es crear un modelo de negocio rentable sino un crecimiento comprable, es más importante *parecer* que *ser*. La percepción de valor parece importar más que el verdadero valor aportado: perfiles falsos, visitas hinchadas con sitios agregados en Comscore, facturaciones infladas a base de vender a bajo coste y atribuir las pérdidas a «*marketing*»... a nadie parece preocuparle mucho mientras alguien siga pagando la fiesta.

Y, por último y más importante, **una moral laxa, permeable y flexible que nos hace ver como aceptable casi todo lo que no nos afecte personalmente**. Y es que muchos —demasiados— profesionales todavía sienten cierta simpatía por *hackers* como «The Impact Team», a los que siguen idealizando como camaradas que luchan contra grandes y malvadas corporaciones.

En un segundo archivo distribuido el 20 de agosto, los *hackers* incluyeron 73 repositorios de git con el código fuente de toda la web[4] y aplicaciones auxiliares, además de una supuesta copia de todos los mails del CEO. ¿De verdad hacía falta revelar los datos personales de 33 millones de personas para demostrar que Ashley Madison hacía algo mal?

El problema es que la mayoría de los informáticos siguen viendo a los usuarios —las verdaderas víctimas en este asunto— como un grupo de adúlteros ingenuos que, hasta cierto punto, se merecen todo lo que está pasando. Como si el hecho de que alguien no compartiera nuestra propia moral justificara de alguna manera su escarnio y castigo público sin juicio previo ¿Seguirían pensando lo mismo si se publicara el nombre y correo de todos los que visitan webs de vídeos porno?

---

4   <http://www.hydraze.org/2015/08/ashley-madison-full-dump-has-finally-leaked-again/>.

Podemos seguir cerrando los ojos para no ver la realidad, pero lo que el robo de datos en Ashley Madison ha puesto de manifiesto es que la industria de desarrollo de software creada alrededor de Internet es aún, salvo honrosas excepciones, inmadura e irresponsable.

Podemos seguir echándole la culpa a la fatalidad, los clientes o los usuarios, pero **si como profesionales no asumimos nuestra responsabilidad para convertir la red en un sitio más seguro, alguien lo hará por nosotros**. Por ejemplo, nuestro Gobierno ¿De verdad queremos eso?

43

SUPER PUMPED

24 de julio de 2022

Los #uberfiles son un testimonio que no solo nos permite conocer el pasado de una de las compañías más conocidas del mundo sino, también, extraer valiosas lecciones.

124.000 documentos internos —mails, mensajes de WhatsApp, SMS, presentaciones e imágenes— sobre las prácticas y estrategias de Uber entre 2012 y 2017 fueron filtrados al periódico británico *The Guardian*[1], que compartió los mismos con otros cuarenta medios de comunicación a través de la ICIJ o Consorcio Internacional de Periodistas de Investigación.

Casi al mismo tiempo se desveló quién los había filtrado: Mark Mac-Gann, antiguo responsable de las estrategias de *lobbying* de Uber en Europa, Oriente Medio y África. El lobbysta profesional de cincuenta y dos años justificó sus acciones declarando: «Yo era el responsable de hablar con los diferentes Gobiernos y los Medios de Comunicación. Yo era el que les decía que esto iba a ser una enorme oportunidad económica para los conductores. Le vendimos una mentira a toda esa gente y yo soy, en parte, responsable».

---

[1] <https://www.theguardian.com/news/2022/jul/10/uber-files-leak-reveals-global-lobbying-campaign>.

Más allá de las verdaderas motivaciones de MacGann, los documentos **muestran el día a día de Uber cuando la compañía aún estaba dirigida por su cofundador —Travis Kalanick— y su objetivo era crecer a toda costa**. Para conseguirlo, no dudaban en abrir nuevos mercados todo lo rápido que podían, aunque eso significara incumplir las leyes y regulaciones locales sobre transporte de pasajeros.

Una vez establecidos, **esperaban que su política de hechos consumados condicionara a los políticos** y que estos adaptaran las normativas para dar cabida a un servicio como el prestado por Uber, antes que enfrentarse a las protestas de clientes y conductores.

Para asegurarse de que eso acabara ocurriendo, **implementaron una estrategia de lobby a gran escala** —entre 2014 y 2020 se gastaron 11.000 millones de dólares en grupos de presión, solo en Estados Unidos— con la que captaron las simpatías de más de 1.850 personas, incluyendo a más de 1.300 políticos y altos funcionarios[2], de la talla de **Emmanuel Macron**, **Joe Biden**, o **Benjamin Netanyahu**.

Y para conseguirlo, metieron en nómina a personalidades como **Neelie Kroes** —vicepresidenta de la Comisión Europea y máxima responsa-

---

[2]   <https://www.theguardian.com/news/2022/jul/15/the-worldwide-scale-of-the-uber-files-in-numbers>.

ble de las políticas relacionadas con Internet en la Unión— que, durante los dieciocho meses después de dejar su puesto, cuando se supone que debía tener especial cuidado para no incurrir en ninguna incompatibilidad con sus anteriores cargos públicos, facilitó una serie de reuniones entre Uber y políticos, como el primer ministro holandés, **Mark Rutte**.

Kroes afirma que no hizo nada malo, pero eso choca con lo que revelan los Uber Files, en los que se constata como MacGann advertía repetidamente a sus colegas que debían <u>mantener oculta su relación con la política neerlandesa</u>[3], recordándoles que era «*altamente confidencial y no debería ser conocida fuera de este grupo*».

En España, el principal aliado que consiguieron fue la CNMC (Comisión Nacional de los Mercados y de la Competencia). Entre los correos filtrados en los Uber Files aparecen los de **Cani Fernández**, abogada y alto cargo del despacho Cuatrecasas, que llevaba los asuntos legales de la compañía en España.

En uno de esos mails, recoge una reunión con **Antonio Maudes** —entonces responsable del Departamento de Promoción de la Competencia de la CNMC— de la que concluye: «Están claramente a favor de Uber, la regulación y la liberalización del mercado [...]. Continuaremos interactuando con ellos y prepararemos un paquete para que lo estudien y refuercen sus conclusiones».

Esa afinidad con Uber acabó por levantar sospechas en la propia CNMC y seis de los diez consejeros de la entidad reclamaron el cese de Maudes por <u>«pérdida de confianza»</u>[4]. Curiosamente, **Cani Fernández ha acabado presidiendo la CNMC**. Todo queda en casa.

Cuando el *lobbying* no era suficiente, **se intentaba presionar condicionando la opinión pública**, algo relativamente sencillo ante la mala prensa del sector del taxi —un oligopolio hereditario regulado por la Administración, como las Farmacias o los Estancos— por culpa de algu-

---

[3]   <https://www.theguardian.com/news/2022/jul/10/former-eu-digital-chief-nelie-kroes-secretly-helped-uber-lobby-dutch-pm-leak-suggests>.

[4]   <https://elpais.com/economia/2016/03/30/actualidad/1459333435_271814.html>.

nos de sus miembros que cometían distintos atropellos, amparados por la seguridad laboral que les daba una licencia que les concedía la exclusividad de prestar el servicio.

En los Uber Files aparecen algunos mensajes del propio Kalanick en los que proponía enviar a los conductores de Uber <u>a las protestas convocadas por los taxistas</u>[5], aunque eso pusiera en riesgo su integridad física por los más que posibles enfrentamientos, con la máxima de «Merece la pena. La violencia garantiza nuestro éxito».

Tampoco se les caían los anillos por **bajar a las cloacas a buscar** *mierda* **si la misma podía favorecer sus intereses.** En diciembre de 2014, cuando el Juzgado de lo Mercantil número 2 de Madrid ordenó el cese cautelar de las actividades de Uber, **Elia Ferrer** —entonces miembro del departamento de Políticas Públicas y hoy vocal de la Asociación Española de la Economía Digital— sugería «obtener más información sobre el juez. Necesitamos encontrar sus debilidades y aprovecharlas».

Por si las actuaciones judiciales iban a más, Uber implementó una herramienta denominada *Kill Switch* que —en caso de registros en sus instalaciones en busca de presuntas pruebas delictivas, <u>bloqueaba a distancia el acceso a los ordenadores</u>[6]— para **dificultar al máximo las investigaciones judiciales sobre la legalidad de sus operaciones.** Los Uber Files documentan como el *Kill Switch* se desplegó en al menos doce ocasiones para obstruir la actuación de la Justicia en Francia, Países Bajos, Bélgica, India, Hungría y Rumanía.

Esta estrategia solo era posible gracias a una ingente cantidad de dinero que la sostuviera. Entre 2012 y 2017, los años documentados en los Uber Files, <u>la compañía levantó diez rondas de inversión</u>[7] —más de una al año —obteniendo más de 20.000 millones de dólares para financiar sus operaciones e implementar la ya conocida estrategia de *winner takes*

---

[5]   <https://www.theguardian.com/news/2022/jul/10/violence-guarantees-success-how-uber-exploited-taxi-protests>.

[6]   <https://www.theguardian.com/news/2022/jul/10/violence-guarantees-success-how-uber-exploited-taxi-protests>.

[7]   <https://craft.co/uber/funding-rounds>.

it all, consistente en **reventar a todos los competidores del mercado proporcionando los mismos servicios por debajo de su coste**, hasta que solo quedes tú como un auténtico monopolio y puedas cobrar lo que quieras por dichos servicios.

Los Uber Files demuestran hasta qué punto <u>se gastó dinero a paladas para poder trabajar con pérdidas</u>[8]. No es ya que se regalaran a los clientes bonos de 50 euros por cada nuevo usuario que trajeran a la plataforma, sino que —por ejemplo— en Madrid, en octubre de 2014, se retribuía a los conductores con 17,50 dólares/hora mientras que la tarifa para los clientes era prácticamente la mitad, apenas 9,10. Desde entonces, la empresa ha suprimido drásticamente los subsidios y ha incrementado la comisión que se queda por cada servicio, lo que ha provocado que los conductores tengan que trabajar entre 10 y 12 horas al día para obtener un salario de 1.000 euros.

La reacción de Uber ante los Uber Files ha sido disculparse por cualquier acción inapropiada que hubiera podido cometer en el pasado, pero recordando que, desde la sustitución de Kalanick por Dara Khosrowshahi en 2017, estas prácticas se erradicaron y el 90 por ciento de los empleados actuales de la compañía llegaron después de Khosrowshahi. **De una manera o de otra, Uber ha ganado.** Hoy es impensable imaginar el transporte de las grandes ciudades sin este tipo de servicios.

Pero, lo que más sorprende es que —como queda <u>retratado en la serie Super Pumped</u>[9], disponible en múltiples plataformas digitales— **no fue simplemente la maldad lo que guiaba los inversores y empleados de Uber sino una asombrosa ambición y resolución por conquistar el mundo, costara lo que costara**, que solo parece posible en una cultura como la estadounidense.

Deberíamos tener más cuidado al glorificar e imitar la misma porque, de la misma manera que es capaz de impulsar logros asombrosos, también crea monstruos.

---

[8] <https://www.theguardian.com/news/2022/jul/12/they-were-taking-us-for-a-ride-how-uber-used-investor-cash-to-seduce-drivers>.

[9] <https://www.filmaffinity.com/es/film976626.html>.

44
BIENVENIDOS AL FUTURO
17 de diciembre de 2017

Enhorabuena, entre todos lo hemos conseguido. Internet, tal y como lo conocemos, ha muerto. *The future is now*, disfrutadlo.

Estados Unidos ya vive en ese futuro distópico desde el pasado jueves 15 de diciembre, cuando la Comisión Federal de Comunicaciones aprobó, con 3 votos a favor y 2 en contra, una nueva regulación que acaba con el principio de neutralidad de la red[1].

Nos han adelantado por la derecha porque, al menos en esto de poner puertas al campo, les llevábamos la delantera. Desde finales de 2015, contamos con un flamante reglamento europeo que también dinamita la neutralidad en la red[2], aunque a nadie parece importarle demasiado.

Y debería porque, por primera vez en la historia, la tecnología había logrado que ninguna élite pudiera restringir o censurar el acceso a la información, una de las principales armas del *statu quo* para defenderse y perpetuarse. Por primera vez en la historia, tuvimos una posibilidad

---

[1]   <https://www.genbeta.com/web/la-muerte-de-la-neutralidad-de-la-red-es-un-hecho-en-estados-unidos-y-ahora-que>.

[2]   <http://www.eldiario.es/cultura/tecnologia/Ganan-telecos-Europa-Neutralidad-Red_0_445506150.html>.

real de derrotar a ese *statu quo* y nos la han arrebatado. Cuando nuestros hijos nos pregunten cuándo y cómo perdimos la batalla, tendremos que contarles que esta se libró el 15 de diciembre de 2017 y nos derrotaron porque, básicamente, no hicimos nada.

Algunos creen que, precisamente, es la falta de información sobre lo que supondrá en su día a día la pérdida de la neutralidad en la red lo que ha impedido que la ciudadanía se movilice. Después de escribir dos artículos sobre el tema y comprobar el poco interés que despertaba, soy algo más pesimista. Pero, tras leer cómo el mismísimo Director-Adjunto de *El País* —uno de los diez periódicos más leídos del mundo— confunde ancho de banda con regulación de contenidos[3], el optimista irredento que hay en mí no ha podido evitar volver a la carga una tercera vez. En esta ocasión, «a la gallega», formulando preguntas en vez de respuestas.

En un sector como el comercio electrónico, donde dos segundos más de tiempo de carga por página puede suponer un 50 por ciento menos de ventas[4], si una operadora restringe la velocidad de navegación por mi tienda, **¿cómo podré competir con Amazon o El Corte Inglés?**

---

3   <https://elpais.com/elpais/2017/12/15/opinion/1513340309_493792.html>.

4   <https://blog.hubspot.com/marketing/page-load-time-conversion-rates>.

En teoría, la ley europea es un poco menos *evil* porque impide ralentizar o bloquear webs o servicios en concreto y solo permite hacerlo por categorías o servicios especializados, pero ¿cuál es el proceso necesario para que la incluyan en la categoría «comercio electrónico»? ¿Quién es el responsable de hacerlo? ¿Con qué plazos? ¿Hay que repetir el mismo trámite con todos y cada uno de los proveedores de acceso a Internet? ¿Telefónica, Vodafone, Orange... y así en todos y cada uno de los países de la Unión Europea?

En otro de los supuestos regulados por nuestra *garantista* ley —la «gestión de congestión inminente», que convierte a las operadoras en auténticos departamentos de precrimen[5] y les permite balancear el ancho de banda entre diferentes servicios para PREVENIR una congestión en la red, aunque esta aún no haya sucedido— ¿cómo se puede controlar que ese ancho de banda sea igual para todas las webs de la misma categoría? ¿Cómo gestionar el conflicto de intereses que supone que las operadoras también produzcan contenidos que compiten con los que pueden restringir? *Who Watches the Watchmen*?

Pero las principales preguntas solo podemos hacérnoslas a nosotros mismos. **¿Seremos capaces de dar nuestro voto a un partido que no apoya la neutralidad de la red?** Pues no tendremos muchas opciones. En 2010, el Senado tumbó una moción del PP para garantizar la neutralidad de la Red con el voto en contra del resto de partidos[6]. De todos. Los argumentos para no apoyar la moción hoy provocan sonrojo. El mismo que nos hicieron pasar, en 2015, los eurodiputados del PP, PSOE, Ciudadanos, CiU y PNV cuando se pusieron de acuerdo para aprobar en la Eurocámara el reglamento que acabó con la misma.

¿Tampoco seremos capaces de comprometernos a darnos de baja de cualquier operador que pretenda segmentar el tráfico? Parece que ver antes que nadie el último capítulo de «Juego de tronos» o cotillear en el muro de Facebook de la vecina del quinto nos preocupa mucho más que proteger nuestra libertad para ver o cotillear lo que nos dé la gana.

---

5   <https://es.wikipedia.org/wiki/Precrimen>.
6   <https://twitter.com/pabloromero/status/941597453299666944>.

Quizás ese sea el problema, que no hemos sabido aprovechar esa libertad de acceso a la información. Que, en vez de despertarnos, nos ha anestesiado.

45

CHINESE DEMOCRACY

30 de septiembre de 2018

Tras el colapso de la Unión Soviética, un **Bill Clinton** embriagado por la euforia procapitalista que siguió al fin de la Guerra Fría prometió que China abrazaría la democracia en cuanto sus ciudadanos probaran las bondades del libre mercado. Ese fue el argumento que usó para convencer al Congreso de Estados Unidos y permitir el libre comercio con China en el año 2000[1].

En 2008, Guns'n'Roses lanzó el álbum *Chinese Democracy*. Según **Axl Rose**, eligió ese título simplemente porque sonaba bien, pero también capturaba perfectamente el espíritu de su época. Centenares de activistas trabajaron en secreto para publicar ese mismo año la Carta 08[2], un manifiesto político con una serie de peticiones a las autoridades para convertir al país en una democracia liberal.

Diez años más tarde, China está lejos de convertirse en una democracia, más bien al contrario. La mayoría de los autores de la Carta 08 fueron juzgados y condenados. Se sigue internando a miles de ciudadanos en

---

[1]   <https://en.wikipedia.org/wiki/Permanent_normal_trade_relations#U.S._and_China>.

[2]   <https://en.wikipedia.org/wiki/Charter_08>.

campos de «reeducación patriótica», no existe libertad de expresión y **Xi Jinping** se ha nombrado a sí mismo presidente vitalicio para perpetuarse en el poder. El gigante asiático ha demostrado que capitalismo y autoritarismo no son solo compatibles, sino perfectamente complementarios.

En lo que sí se ha convertido China es en una auténtica potencia tecnológica, gracias a la impasibilidad —y, a veces, colaboración— de algunos de los principales actores de la industria. Es el incómodo peaje a pagar para poder acceder a un lucrativo mercado de 1.400 millones de habitantes, pero ¿de verdad somos conscientes del creciente poder del dragón que estamos alimentando y podría acabar devorándonos?

Este año, el gobierno norteamericano impidió a la china **ZTE** hacerse con **Qualcomm** —uno de los principales fabricantes de chips del mundo— y prohibió a las empresas nacionales la venta de cualquier tipo de material a la misma, durante al menos siete años, por vender productos que contenían tecnología estadounidense a Irán y Corea del Norte.

El 65 por ciento de los 15 millones de teléfonos que vende ZTE cada año contienen chips de Qualcomm, así que la compañía terminó aceptando una multa de más de 1.000 millones de dólares, sustituyendo a toda su directiva e hincando la rodilla ante el gobierno norteamericano. Es probable que sea la última vez que lo haga.

En mayo de 2015, el Primer Ministro **Li Keqiang** hizo pública la iniciativa Made in China 2025[3], que pretende que el país alcance el liderazgo, tanto a nivel de diseño como de producción, en diversos sectores tecnológicos. Eso les permitiría **autoabastecerse hasta un 40 por ciento de sus necesidades en 2020 y llegar al 70 por ciento en 2025**. De los 300.000 millones de dólares de dinero público destinado a poner en marcha el plan Made in China 2025, la mitad están destinados a mejorar la producción china de semiconductores. El Qualcomm del futuro será chino.

Y aunque un objetivo tan ambicioso pueda parecer solo el delirio de un loco megalómano o simple propaganda, China lleva décadas construyendo pacientemente los cimientos necesarios para que pueda hacerse realidad: su inversión en I+D subió una media del 18 por ciento anual entre 2010 y 2015 —4 veces más que la de Estados Unidos— hasta convertirla en **el segundo país que más invierte en I+D —más de 400.000 millones de dólares al año, el 21 por ciento de todo lo que se gasta en investigación en el mundo**— lo que le ha llevado a encabezar el registro de nuevas patentes —más de un millón al año— tantas como las de Estados Unidos, Japón y Corea del Sur combinadas.

Todo ese conocimiento crece y se queda en casa. Entre 2000 y 2014, **el número de graduados chinos en carreras de ciencias y tecnología aumentaron de 359.000 a 1,65 millones, los mismos que producen Estados Unidos, la Unión Europea y Japón... juntos**.

Pero no es en un futuro distante sino en el presente donde hay que buscar los mimbres de la potencia tecnológica china. En 2017, la economía digital empleaba a 171 millones de personas —el 22 por ciento de su fuerza laboral— y generaba el 33 por ciento del PIB, 4,1 billones de dólares. Por dar un poco de contexto, el PIB de Alemania ese mismo año fue de 3,7 billones.

De los 50 mayores unicornios —*startups* con una valoración de, al menos, 1.000 millones de dólares— que hay en el mundo, 26 son chinas y

---

[3]   <http://www.cittadellascienza.it/cina/wp-content/uploads/2017/02/IoT-ONE-Made-in-China-2025.pdf>.

16 estadounidenses. No hay ninguno europeo. Entre las 20 mayores compañías de Internet, hoy en día, hay 9 chinas y 11 americanas.

En hardware son líderes indiscutibles desde hace tiempo, no solo a nivel de producción y ensamblaje, sino también comercializando producto final. Más del 43 por ciento de las ventas globales de *smartphones* corresponden a compañías chinas, como **Huawei**, **Oppo**, **Xiaomi** o la propia ZTE, y estas lideran el despliegue de unas redes 5G que pondrán patas arriba el sector de las telecomunicaciones.

En el de automoción, también se están comiendo la tostada de los grandes actores tradicionales. Ya en 2017, China fabricó las baterías del 50 por ciento de todos los coches eléctricos que se vendieron en el mundo. Para 2021, quieren alcanzar el 70 por ciento. Y, por supuesto, son una de las principales potencias en Inteligencia Artificial —en 2015, el 43 por ciento de los contenidos de las 100 principales revistas de IA estaban firmados por autores chinos— y pretenden convertirse en los líderes mundiales antes de 2030, aunque es posible que ese liderazgo llegue antes en algún nicho concreto, como el de los coches autónomos[4].

Pero todas esas tecnologías no son más que herramientas. Más allá de obtener un beneficio económico con su venta, ¿cómo las está usando el gobierno chino?

China ya ha demostrado sobradamente la invalidez de la creencia generalizada —basada en los trabajos del sociólogo **Seymour Martin Lipset**, a finales de los años cincuenta, sobre la relación entre modernización y democracia[5]— de que el desarrollo económico termina acarreando, al cabo de un tiempo, la implantación de un sistema político democrático. En China, sin embargo, este desarrollo ha reforzado el autoritarismo.

---

[4]   <https://www.scmp.com/magazines/post-magazine/long-reads/article/2142449/chinas-self-driving-vehicles-track-take-global>.

[5]   <http://scholar.harvard.edu/files/levitsky/files/lipset_1959.pdf?m=1371560111>.

Hace años, el régimen chino construyó la Gran Muralla Electrónica[6] para controlar el acceso a Internet de sus ciudadanos y censurar cualquier información que pusiera en duda sus logros o disintiera mínimamente de la política oficial. Pero, **gracias a la tecnología, el control de la población ha dejado de ser pasivo para pasar a ser activo y convertir al país en una auténtica pesadilla orwelliana**.

Desde mayo de este año, en China funciona un sistema de «Crédito Social»[7] que monitoriza el comportamiento de la población y asigna una puntuación a cada persona dependiendo de su «integridad» como ciudadano que **no solo tiene en cuenta los posibles delitos o infracciones que haya podido cometer, sino también si su comportamiento es «adecuado» según el dictado del Gobierno**. Nadie conoce el diseño completo del sistema, pero algunos de los datos con los que se especula que se calculará dicha puntuación social incluyen actividad en Internet, historial de compras, estado de salud, periódicos e informativos favoritos, frecuencia de citas y ligues *online* y el número de horas invertidas en videojuegos.

El Gobierno chino solo puede recabar toda esa información laminando la privacidad y libertad individual de sus ciudadanos. Y lo ha hecho. En la región de Xinjiang —hogar de la minoría iugur que mayoritariamente profesa la religión musulmana— **es obligatorio instalar un spyware en el teléfono móvil que registra todo lo que se hace con el mismo**. Si no se instala o se borra y la policía lo detecta en los miles de controles arbitrarios que se hacen todos los días, el propietario del terminal puede ser encarcelado hasta diez días[8].

Una baja puntuación en el sistema de Crédito Social podría restringir el acceso al transporte público, limitar la velocidad máxima de navegación en Internet, impedir el acceso a los mejores trabajos y escuelas, prohibir el acceso a los mejores hoteles o ser denominado públicamente como «mal ciudadano». No es una broma. Más de 9 millones de personas

---

6   <https://en.wikipedia.org/wiki/Great_Firewall>.
7   <https://en.wikipedia.org/wiki/Social_Credit_System>.
8   <https://mashable.com/2017/07/21/china-spyware-xinjiang/?europe=true>.

con una baja puntuación en el sistema de Crédito Social ya han sufrido restricciones o prohibiciones para comprar billetes de tren o de avión[9].

¿Y cómo ha reaccionado Occidente ante esta pesadilla? Cuanto menos con una dolorosa cautela, cuando no con absoluta indiferencia. ¿El principal motivo? Que cualquier crítica o decisión política que disguste al régimen chino recibe como respuesta una maniobra gubernamental, arbitraria e injustificada, que acaba lesionando los intereses económicos del país del que proceda dicha crítica.

Fue especialmente penoso y cercano ver como nuestro propio Gobierno acabó con el principio de Justicia Universal[10], con los votos en contra de toda la oposición, porque China lamentaba la «decisión errónea» de la Audiencia Nacional de imputar al expresidente chino **Jiang Zemin** por la causa abierta sobre el genocidio en el Tíbet y esperaba que España manejara «apropiadamente» el asunto.

Nuestros gobiernos no solo no le han exigido a China que respete los derechos humanos si quiere formar parte de la comunidad internacional y beneficiarse de ella, sino que parecen mirarse en el gigante asiático para reflejar su imagen más oscura. Aunque nada es comparable a lo que ocurre allí, si nos diera por mirarnos al ombligo, todos deberíamos revolvernos incómodos en la poltrona moral en la que nos hemos instalado y desde la que miramos con suficiencia al resto del mundo.

En pleno 2018, en una democracia occidental como la española, existe una **Ley Sinde** que permite que un funcionario pueda cerrar una web sin que haya una orden judicial previa; y una **Ley Mordaza** que limita extraordinariamente la tutela efectiva de ciudadanía y los medios de comunicación sobre las fuerzas de seguridad del Estado. En pleno 2018, nuestros políticos están debatiendo si deben restringir la libertad de expresión.

Las empresas occidentales tampoco tienen ningún tipo de problema para saltarse cualquier tipo de barrera ética o moral con tal de hacer

---

[9]   <https://www.channelnewsasia.com/news/asia/china-bad-social-credit-barred-from-buying-train-plane-tickets-10050390>.

[10]   <http://www.rtve.es/noticias/20140211/congreso-limita-justicia-universal-unicos-votos-del-pp-toda-oposicion-contra/876420.shtml>.

negocio. La última **Google**, que está trabajando en un motor de búsqueda específico para el mercado chino[11] que cuente con todas las bendiciones —y restricciones— de su gobierno. Por ejemplo, código específico para mostrar solo las mediciones oficiales de polución en el aire. *Don't be evil.*

Ante todo esto no tengo respuestas, solo preguntas: ¿Qué estamos haciendo? ¿Seguirá la Comunidad técnica mirando hacia otro lado?

Parece inevitable que China acabe siendo la primera potencia mundial, poniendo punto final a la era americana. Pero **antes de rendir pleitesía al nuevo Rey del mundo, quizás deberíamos intentar modelarlo y acotar su poder cuando aún sea posible**. Si no lo hacemos, es posible que nuestros hijos tengan que vivir en una «democracia a la china» donde un disco de rock puede censurarse y prohibirse por «atacar al estado»[12].

---

[11] <https://www.vox.com/2018/8/17/17704526/google-dragonfly-censored-search-engine-china>.

[12] <https://www.independent.co.uk/arts-entertainment/music/news/rock-album-an-attack-on-china-1033811.html>.

46
EL HÉROE
6 de junio de 2021

El pasado 15 de marzo, el técnico informático del colegio Jesús, Maria i Josep de la congregación Manyanet, en el distrito de Sant Andreu de Barcelona, recogió el portátil del rector de la parroquia —que está al lado del colegio y funciona como su capilla— para repararlo.

Se lo lleva a su despacho y, **cuando examina su contenido, encuentra 39 gigas de pornografía infantil**. El párroco no da clases en el colegio, pero circula por el mismo con total libertad y contacta habitualmente con menores en la parroquia. El informático, que no sabe cómo actuar —¿lo sabrías tú?— contacta con los Mossos d'Esquadra que le piden que no diga nada a nadie, para evitar una posible destrucción de pruebas.

Al día siguiente, una pareja de agentes de paisano —para no armar revuelo— accede al recinto escolar, consulta la información hallada por el informático y confirma que es, inequívocamente, material pedófilo. Precintan el ordenador y se lo llevan, reiterándole que no abra la boca. Este obedece.

Menos de veinticuatro horas después, agentes uniformados de los Mossos regresan al colegio y **detienen al sacerdote propietario del ordenador**. Los policías también requisan su teléfono móvil y se lo llevan

arrestado, informando a la dirección del centro del motivo de la detención y de cómo lo han averiguado.

Cuando los policías se marchan, **el director afea al informático no haberle contado nada hasta ese instante**. La congregación envía un par de comunicados a los padres de los alumnos en los que niega que el sacerdote haya sido «detenido» y califica los archivos localizados en su ordenador de material de «índole sexual», omitiendo que se trata de pornografía infantil.

El sábado 27 de marzo —justo antes de Semana Santa— el caso salta a los medios de comunicación, generando un considerable revuelo. El lunes 5 de abril, el día antes de la vuelta de las vacaciones de Pascua, el director del colegio envía otro comunicado a los padres en el que les informa de que, preventivamente y de manera inmediata, el rector ha sido cesado de cualquier actividad relacionada con el alumnado y ya no reside en la comunidad de Sant Andreu.

El martes 6 de abril se retoman las clases. **El director llama al informático a su despacho, le recrimina haber dañado gravemente a la escuela** y le culpa de que la noticia pueda hacer disminuir las prescripciones escolares, lo que podría suponer que algunos profesores perdieran su trabajo. También **le acusa de haber incumplido la cláusula de con-**

fidencialidad por haber contactado con la policía y le comunica que la congregación le ha abierto un expediente informativo.

El expediente **califica su comportamiento como «un atentado contra los derechos a la intimidad y privacidad del párroco, de manera injusta e injustificada»** y añade que su actuación podría ser constitutiva del delito de revelación de secretos, tipificada en los artículos 197 y 199 del Código Penal. En el escrito, la dirección del centro se reserva la potestad de tomar medidas cautelares para impedir que «perjudique a los miembros de la comunidad educativa» y, también, la posibilidad de interponer una querella contra el trabajador.

El director **le exige que —sin regresar a su despacho— se marche inmediatamente a casa porque, a partir de ese momento, trabajará a distancia**. A los pocos días, el técnico —que llevaba tres años trabajando en el colegio sin ningún problema— coge una baja médica, víctima de un ataque de ansiedad.

En vez de felicitarle, la Comunidad educativa —cuya máxima preocupación debería ser asegurar el bienestar de los niños bajo su tutela— le repudia por hacerlo, convirtiéndole en involuntario héroe y protagonista de esta historia.

Pero ¿qué se supone que debería haber hecho? El protocolo de actuación de la Generalitat ante casos de maltrato infantil —que está colgado en la propia página de la escuela[1]— dictamina que prácticamente cualquier tipo de actuación pase por la Dirección del centro educativo donde se detecta el maltrato o abuso sexual, pero **¿qué pasaría si esa Dirección tuviera un conflicto de intereses?** Una cosa es un funcionario público con plaza fija y otra, muy diferente, un trabajador de una empresa privada administrando un servicio público —un colegio concertado— cuyo puesto de trabajo dependa de las matrículas que se realicen cada año y que, posiblemente, se verían afectadas por un caso de pederastia o violencia infantil.

¿Cómo reaccionaríamos si nos encontráramos ante ese dilema? Si tuviéramos que decidir entre nuestro puesto de trabajo —y, probable-

---

[1]   <https://santandreu.manyanet.org/2018/index.php/circulars>.

mente, el sustento de nuestra familia— o proteger la seguridad de cientos de menores. Desde la distancia y la comodidad de la pura teoría, es fácil que todos nos identifiquemos como profesionales incorruptibles. La realidad —ese sitio donde hay hipotecas y nos planteamos poner lavadoras a las tres de la mañana— es mucho más complicada. Y, en esa situación, **nuestro héroe, ese informático anónimo, tomó una decisión que honra a nuestra profesión: proteger la información que llegó a sus manos** poniendo el interés general por encima del de su cliente o del suyo propio.

Puede que el director realmente creyera que, ante una situación así la única actuación loable por parte de sus subordinados fuera comunicárselo de forma inmediata, pero **si conociera en qué consiste realmente nuestra profesión, no se hubiera sorprendido porque un informático decidiera no hacerlo**.

No solo le da la razón el sentido común o el código deontológico de la profesión que, según el Consejo General de Colegios Oficiales de Ingeniería Técnica en Informática, obliga a «denunciar ante las autoridades cualquier peligro real o potencial para la sociedad, como es el caso de un delito penal», sino también la Ley Orgánica 1/1996, de 15 de enero, de protección jurídica del menor —a la que se subordina el famoso protocolo— que dice en su artículo 13.1 que «Toda persona o autoridad y especialmente aquellos que por su profesión o función detecten una situación de maltrato, de riesgo o de posible desamparo de un menor, lo comunicarán a la autoridad o sus agentes más próximos, sin perjuicio de prestarle el auxilio inmediato que precise».

El asunto generó un <u>hilo de comentarios en Menéame</u>[2] que refleja por enésima vez que **la Informática es, para bien y para mal, una de las profesiones menos corporativistas del mundo**. La discusión derivó en determinar si el informático realmente encontró los archivos de forma fortuita o si estaba fisgoneando el contenido del portátil del párroco, algo que iría en contra de uno de los pilares de nuestra profesión: la confianza

---

[2]   <https://www.meneame.net/story/colegio-castiga-informatico-denunciar-hallazgo-material-pedofilo/>.

que depositan en nosotros los usuarios para que respetemos la privacidad de sus datos.

Pero, en realidad, para el tema que nos ocupa, ese es un debate intranscendente. A nadie se le ocurrió discutir si el ladrón que denunció al dueño de la casa que robó, <u>al dar con vídeos que demostraban que era un pederasta</u>[3], estaba haciendo lo correcto por haberlos obtenido cometiendo un delito. Da igual que nuestro héroe estuviera cotilleando, eso no lo convierte en villano sino en humano. Al contrario de lo que intentan vendernos los plastas de Twitter que se dedican a repartir carnés sobre lo que está bien y lo que está mal, **los auténticos héroes no son seres de luz sino personas normales —con sus contradicciones y claroscuros—** que en una situación excepcional no actúan primando su propio beneficio.

Hubiera sido mucho más interesante que este asunto hubiera generado otro tipo de debate. Uno sobre nuestra propia profesión... y a qué tipo de profesionales encumbramos.

Hace unos días, leía la enésima diatriba sobre el talento técnico nacional en la que se afirmaba que «digitalizar procesos *offline* es un trabajo que se parece más a hacer ganchillo que a hacer tecnología», pero esa actividad despreciada es el origen de nuestra profesión y la esencia misma de lo que nos hace informáticos.

La Informática no consiste en crear chats para millones de usuarios concurrentes —eso es solo un medio para lograrlo— sino en **trabajar con la materia prima más cara, poderosa y peligrosa del mundo**: la información. Y nuestro *superpoder* —lo que nos hace únicos— es ser capaces de capturar, procesar y salvaguardar esa información de forma más eficiente que nadie.

Parece un matiz sin importancia, pero no lo es. **Para ser buenos profesionales no necesitamos programar el firmware de la estación espacial MIR sino tomar consciencia del impacto de nuestro trabajo y responsabilizarnos del mismo**. Y de la misma manera que no necesi-

---

[3] <https://www.elmundo.es/andalucia/2013/12/19/52b2e78f22601d73178b456e.html>.

tamos hacer un costosísimo voluntariado en el África subsahariana para tener una influencia positiva en el mundo —podemos hacer lo mismo en el banco de alimentos que tengamos más cerca de casa— no necesitamos crear una sofisticada tecnología que resuelva un problema complejísimo, ni para ser buenos profesionales ni para tener un verdadero impacto en los que nos rodean, sino mejorar la gestión de la información de nuestros clientes, ya sean los archivos multimedia que reproduce un navegador o la conexión al Internet rural de doña Neli[4].

Cada uno es libre de elegir a sus propios héroes—faltaría más—, pero entre el ingeniero que trabaja en Mountain View creando una tecnología «disruptora» que permite servir millones de anuncios de patatas fritas al mismo tiempo y el técnico que detecta 39 gigas de pornografía infantil en un colegio de Sant Andreu y lo denuncia poniendo en riesgo su puesto de trabajo, tengo claro cuál es el mío.

Si alguno sabéis la identidad secreta de mi héroe, por favor, hacedle llegar que me gustaría invitarle a la próxima Tarugoconf[5]. El mundo sería un sitio mejor si, además de encumbrar a los que hacen lo que saben, lo hiciéramos también con los que hacen lo que deben.

---

[4]   <https://www.laopinioncoruna.es/gran-coruna/2021/05/16/aranga-ignora-que-jas-vecinales-despide-51868941.html>.

[5]   <https://twitter.com/tarugoconf>.

47
GUACAMAYA
20 de agosto de 2023

Guacamaya es un colectivo de activistas y *hackers* que lucha contra la corrupción y la injerencia extranjera en Latinoamérica.

Se dieron a conocer en marzo de 2022, cuando difundieron los supuestos delitos medioambientales y <u>las violaciones a derechos humanos</u>[1] de la Compañía Guatemalteca de Níquel, subsidiaria del grupo ruso Solway. Los documentos filtrados revelan pagos a la Policía guatemalteca, que persiguió y detuvo a activistas y periodistas opuestos al proyecto minero en El Estor.

Pero además de obtener y publicar información, Guacamaya <u>publicó un comunicado en el que explicaban el trasfondo ideológico de sus acciones</u>[2] —acabar con la explotación insostenible de los recursos de América Latina— y todas las herramientas necesarias para entrar en sistemas similares. **Guacamaya no quería hackear sino concienciar y reclutar.**

En septiembre de ese mismo año difundieron hasta 400.000 mails del ejército chileno que revelaban que su inteligencia militar espiaba a

---

[1]   <https://elpais.com/internacional/2022-03-06/asi-se-compra-un-estado-como-una-minera-rusa-corrompio-a-todos-los-poderes-en-guatemala.html>.

[2]   <https://enlacehacktivista.org/comunicado_guacamaya.txt>.

grupos ecologistas que protestaban contra la central hidroeléctrica de Rucalhue, así como a otras organizaciones sociales[3].

De nuevo, emitieron un comunicado[4] en el que justificaban su ataque basándose en que los ejércitos latinoamericanos «han garantizado y facilitado la entrada de empresas extractivistas [...], son los guardaespaldas de dichas empresas». Y, cómo no, publicaron un vídeo explicando cómo habían completado el ataque. **Para Guacamaya, el** *hacking* **solo era un medio para un fin político**. Puro ciberactivismo.

Pero la mayor filtración de información aún estaba por llegar.

El 29 de septiembre de 2022, el periodista Carlos Loret anunció que había recibido 6 terabytes de información de la Secretaría de la Defensa Nacional mexicana. En los más de 4 millones de correos electrónicos, se desvelaba desde que el Presidente había mentido sobre su estado de salud hasta la colaboración de cierta parte de la Administración mexicana con el narco[5].

---

[3]   <https://resumen.cl/articulos/mails-hackeados-al-emco-muestran-que-policias-y-ffaa-espiaban-al-colegio-de-profesores-as-desde-antes-del-estallido-social>.

[4]   <https://enlacehacktivista.org/comunicado_guacamaya4.txt>.

[5]   <https://www.washingtonpost.com/es/post-opinion/2022/10/24/guacamaya-leaks-sedena-hackers-amlo-documentos/>.

A pesar de no estar completamente de acuerdo con su lectura de la historia y origen de los problemas de Latinoamérica, no puedo evitar sentir cierta simpatía por Guacamaya y la causa por la que lucha, pero —también— cierto conflicto ético. Las acciones de Guacamaya son **una oportunidad para reflexionar sobre la existencia y límites de la moralidad en el** *hacking*.

Es verdad que están cometiendo un delito según las legislaciones chilena, mexicana y guatemalteca, pero con un «buen» fin. El problema de ese planteamiento es que puede llevar a la peligrosa deriva de considerarse más legitimado que cualquier otro para decidir qué está bien y qué está mal.

Y a tomarse la justicia por mano propia. Fiscales, jueces y verdugos sin ningún control ni responsabilidad sobre las penas impuestas o el daño causado a los condenados injustamente. Pero, en el caso de los ataques de Guacamaya, concurren una serie de circunstancias que podrían delimitar esa «zona gris» donde coinciden el sistema de valores de la ética hacker[6] con la moral imperante en la inmensa mayoría de sociedades occidentales.

- Guacamaya **no desvela información para dañar la reputación o privacidad de un tercero, sino para poder incriminarlo en un delito.**
- Guacamaya **no ataca a ciudadanos particulares sino a Administraciones Públicas** o corporaciones que potencialmente puedan estar cometiendo un delito en connivencia con las primeras.
- Y, hasta ahora, Guacamaya **no ha buscado el beneficio propio sino el bien común.**

Es verdad que en esa búsqueda del bien común no deja de haber una colisión de derechos —como la privacidad— que Guacamaya vulnera. También que podrían haber entregado esa información a las Adminis-

---

[6]   <https://es.wikipedia.org/wiki/%C3%89tica_hacker#Sistema_de_valores_de_la_%C3%A9tica_Hacker>.

traciones correspondientes para que investigaran judicialmente si se ha cometido un delito, pero ¿qué se debe hacer si esa información implica a las mismas? Por eso, no podemos juzgar las acciones de Guacamaya sin evaluar las consecuencias de las mismas:

- Las revelaciones sobre la mina de El Estor[7] tuvieron difusión internacional gracias a la organización Forbidden Stories. El holding finlandés Outokumpu dejó de comprar a la compañía minera. Y el Comité Internacional para la Protección de Periodistas exigió a Guatemala retirar las demandas judiciales contra el periodista Carlos Ernesto Choc, perseguido por informar sobre las movilizaciones de la comunidad indígena[8] contra los efectos destructivos de la mina.
- La filtración que permitió conocer los exorbitantes gastos de las Fuerzas Armadas Chilenas y su seguimiento a organizaciones sociales provocó la dimisión de Guillermo Paiva, Jefe del Estado Mayor chileno[9].
- En México, tras meses negando la veracidad e importancia de la información hackeada, el presidente López Obrador tuvo que reconocer que mintió sobre su estado de salud y ya hay un primer militar detenido[10].

Más allá de las consecuencias para los implicados, el mayor éxito de Guacamaya es otro: recordarnos a todos que **toda Administración debe rendir cuentas por sus acciones y no hay mejor manera de conseguirlo que exigir total transparencia**, esté quien esté en el poder.

---

[7]   <https://forbiddenstories.org/es/sobre-mining-secrets/>.

[8]   <https://cpj.org/es/2022/04/el-periodista-guatemalteco-carlos-choc-sera-procesado-judicialmente-por-hechos-relacionados-con-la-cobertura-periodistica-de-una-protesta%EF%BF%BC/>.

[9]   <https://elpais.com/chile/2022-09-24/una-filtracion-de-correos-de-las-fuerzas-armadas-de-chile-impulsan-la-salida-del-jefe-del-estado-mayor.html>.

[10]   <https://elpais.com/mexico/2023-03-29/detenido-el-primer-jefe-militar-por-la-filtracion-masiva-de-guacamaya-contra-el-ejercito-mexicano.html>.

Los europeos seguimos mirando con condescendencia a Latinoamérica mientras seguimos necesitando cinco años y tres sentencias judiciales para que un <u>Ministerio de Defensa informe sobre algo tan aparentemente inocuo como los pasajeros de los vuelos oficiales</u>[11].

---

[11]   <https://civio.es/tu-derecho-a-saber/2021/06/08/defensa-informa-5-anos-despues-de-los-pasajeros-de-los-vuelos-oficiales/>.

48

HAY UNA PERSONA EN ASTORGA DE LA QUE DEPENDE LA MARCHA DE LA ECONOMÍA MUNDIAL

6 de febrero de 2022

A principios de enero, **Marak Squires** —desarrollador de varios proyectos *open source*— decidió subir una última versión de «faker.js» que eliminaba todo su código y otra de «colors.js», que ejecutaba un bucle infinito que imprimía caracteres aleatorios, y provocó que todas las aplicaciones que los usaban empezaran a fallar en cadena[1].

El asunto no era menor, porque los dos paquetes sumaban más de 25 millones de descargas a la semana y estaban incluidos en otros 21.000 proyectos *open source*, que dependían de los mismos para su correcto funcionamiento.

No era la primera vez ni será la última que un bug en un popular paquete de software *open source* provocara fallos y vulnerabilidades de seguridad en los cientos de miles de aplicaciones que lo usan, pero en esta ocasión, **el desarrollador había roto a propósito su propio software**. ¿Qué empujó a Squires a hacer algo así?

---

[1]   <https://www.theverge.com/2022/1/9/22874949/developer-corrupts-open-source-libraries-projects-affected>.

El 8 de noviembre publicó una issue en el repositorio de GitHub de faker.js[2] en la que afirmaba literalmente que **se había cansado de trabajar gratis para las grandes corporaciones que usaban su software** y que, si estas querían que alguien siguiera manteniéndolo, le ofrecieran un contrato de trabajo o lo clonaran y lo hicieran ellas mismas. La advertencia no cristalizó en ninguna propuesta aceptable para Squires y este, **en vez de simplemente dejar de mantener sus proyectos, decidió mandar un «mensaje» causando el mayor daño posible corrompiendo dos de sus proyectos más populares.** El problema era que estos no eran empleados solo por malignas megacorporaciones, sino en el software desarrollado por y para cientos de miles de pequeñas y medianas empresas de todo el mundo.

Era evidente que Marak no estaba bien. El 25 de octubre, publicó un tuit en el que afirmaba estar viviendo en la calle después de que su apartamento en Queens sufriera un incendio[3] y pedía ayuda económica. Lo que no contó es que había sido arrestado, después de que en la investiga-

---

[2]   <http://web.archive.org/web/20210704022108/https:/github.com/Marak/faker.js/issues/1046>.

[3]   <http://web.archive.org/web/20220105101202/https:/twitter.com/marak/status/1320465599319990272>.

ción posterior al incendio, los bomberos encontraran en su apartamento materiales químicos —como <u>nitrato de amonio</u>[4]—, mechas y manuales sobre cómo construir explosivos militares.

Pero centrarse en los problemas de Squires sería quedarse en la anécdota en vez de en lo verdaderamente importante: <u>más del 90 por ciento de las aplicaciones actuales de software incluyen open source</u>[5] que, en muchas ocasiones, solo es mantenido por Maraks Squires de forma completamente voluntaria y altruista.

Es un hecho que, en 2022, **Internet —y por extensión, la economía mundial— se sustenta en el software** *open source* y, sin embargo, la inmensa mayoría de las contribuciones al mismo siguen siendo consideradas un *hobby* más que un trabajo propiamente dicho y realizadas por desarrolladores en su tiempo libre que casi nunca obtienen una mínima compensación económica por el valor que generan. Ese fue siempre el espíritu del software libre, pero ¿es sostenible que la tecnología que mantiene la red en funcionamiento siga dependiendo solo de la buena voluntad de sus creadores?

Al fin y al cabo, **el acto de rebeldía de Marak solo ha sido un toque de atención** —ninguno de los dos proyectos que rompió aposta era un componente crítico—, pero <u>en diciembre se descubrió una vulnerabilidad en la veterana librería Log4j</u>[6] que ha puesto en jaque a media industria, que la usaba para registrar lo que iba pasando en cientos de miles de aplicaciones corporativas.

La Comunidad se indignó por las críticas y presiones que recibió el equipo de Log4j para solucionar cuanto antes los agujeros de seguridad, sobre todo al enterarse de que lo estaban haciendo por pura responsabilidad —pidiendo vacaciones en sus respectivos trabajos y pasando noches sin dormir—, <u>pero sin recibir el más mínimo soporte de las empresas que obtenían rendimiento de su esfuerzo</u>[7] y, lo que es peor aún, al descubrir

---

[4] <https://www.bbc.com/mundo/noticias-53661541>.
[5] <https://blog.tidelift.com/open-source-is-everywhere-survey-results-part-1>.
[6] <https://www.wired.com/story/log4j-flaw-hacking-internet/>.
[7] <https://twitter.com/FiloSottile/status/1469441477642178561>.

que la brecha se había producido en una <u>antigua funcionalidad que querían eliminar desde hace algún tiempo</u>[8], pero que habían mantenido precisamente para evitar cualquier potencial problema al software puesto en producción por dichas empresas.

La reacción de Microsoft —dueña de GitHub y npm— ante la vileza de Squires fue un aviso a navegantes: suspender su cuenta en la primera y revertir sus cambios en la segunda. **Tu proyecto** *open source* **es tuyo mientras lo mantengas**.

La preocupación por casos como el de Log4j llevó a la Casa Blanca a convocar una reunión con algunos de los actores más relevantes de la industria para debatir sobre **el potencial riesgo que puede suponer para la Seguridad Nacional los problemas de seguridad del software** *open source*. Algunos, como IBM o Google, <u>propusieron hacer una lista de las aplicaciones más críticas</u>[9] y asegurarse de que las mismas cuentan con suficientes recursos para mantenerse y están sometidas a auditorías de seguridad. Un auténtico «matar moscas a cañonazos» que puede mitigar el impacto de futuros bugs de seguridad, pero que no va a evitar que estos existan ni que la industria entera dependa de las horas que una persona anónima —en <u>Nebraska o Astorga</u>[10]— saque los sábados por la tarde, después de una barbacoa con los colegas.

Quizás tendría más sentido **que las empresas se conciencien de una vez por todas de la importancia de las buenas prácticas de desarrollo**, para evitar problemas con versiones y dependencias, y poder actuar rápidamente ante el descubrimiento de una vulnerabilidad. Al fin y al cabo, la maldad de Marak solo afectó a aquellos que actualizaron sus proyectos sin preocuparse de qué contenían o, peor aún, siempre usaban la última versión de los mismos.

Una de las primeras cosas que aprendí como desarrollador de software fue no integrar la ultimísima versión de cada librería o módulo de

---

[8]   <https://crawshaw.io/blog/log4j>.

[9]   <https://www.zdnet.com/article/log4j-after-white-house-meeting-google-calls-for-list-of-critical-open-source-projects/>.

[10]   <https://xkcd.com/2347/>.

terceros que usaba, simplemente por el hecho de que existiera. «Que el betatesting lo haga otro». Y es que cada vez que actualizamos el software de un tercero estamos corriendo un riesgo, pero casi nadie se para a pensar si merece la pena a cambio de las supuestas mejoras que incorpora.

Quizás también tendría sentido **que las empresas se involucren más en los proyectos** open source **sobre los que cimientan sus propios productos y servicios.** Nuestro software solo debería depender de módulos y librerías que tengan garantizado su mantenimiento y, si dependemos de algo, deberíamos contribuir de alguna forma a su mantenimiento. Es puro sentido común. Es justo.

Dedicar desarrolladores al mantenimiento de dichos proyectos es algo que solo pueden permitirse las grandes multinacionales y, hasta hace poco, contribuir de forma económica era complicado y farragoso —excepto para las iniciativas más grandes, como las de la Fundación Apache o Mozilla—, porque detrás de los mismos no suele haber ninguna estructura empresarial sino un puñado de voluntarios que no tienen forma de recibir y gastar legalmente el dinero de las donaciones. Sin embargo, han surgido una pléyade de servicios y plataformas —como Open Collective, Open Source Collective[11] o GitHub Sponsors[12]— que ha hecho más fácil que las empresas podamos contribuir económicamente al mantenimiento de los proyectos open source que utilizamos. Todas. Todos.

Quizás tendría sentido **que dejemos de esperar que las grandes corporaciones tomen la iniciativa de hacer sostenible el software** open source, solo porque sería lo más justo, y contribuir con nuestro pequeño granito de arena. Pero, sobre todo, que seamos conscientes de las implicaciones de no hacerlo.

No sé si moverá mucho la aguja o no que cada desarrollador que trabaje en Manfred disponga, a partir de ahora, de un presupuesto mínimo —algo simbólico, como 100 euros al año— para distribuir como ellos quieran entre los proyectos open source que utilizamos, pero sí sé que es más de lo que hemos hecho hasta ahora: nada.

---

[11] <https://opencollective.com/>.
[12] <https://github.com/sponsors>.

49
SILICON VALLEY ~~BANK~~ CRACK
12 de marzo de 2023

El viernes, las autoridades del estado de California intervinieron el Silicon Valley Bank, la entidad concebida hace exactamente cuarenta años por Bill Biggerstaff y Robert Medearis en medio de una partida de póker.

La idea original era financiar a las empresas financiadas con capital-riesgo, pero pronto empezaron a prestar servicios a los propios inversores. Con el tiempo, se convirtió en uno de los bancos más grandes de Estados Unidos y el principal del Valle, donde llegó a tener un 26 por ciento de cuota de mercado.

El colapso del SVB no tiene nada que ver con la caída de Lehman Brothers en 2008 sino, más bien, con la onda expansiva del desastre económico que fue el COVID. Para reactivar la economía, los bancos centrales empezaron a imprimir billetes, pero en vez de llegar a las empresas que realmente lo necesitaban, gran parte de esa inyección de liquidez acabó en manos de inversores que aprovecharon la oportunidad para obtener préstamos sin apenas coste. Incluyendo —por supuesto— al capital-riesgo.

El principio del fin

Entre marzo de 2020 —cuando empezó el confinamiento en España— y marzo de 2021, los depósitos del SVB se doblaron. De 62.000 millones a 124.000. El problema es que —para un banco— los depósitos no dejan de ser una responsabilidad que cuesta dinero, tanto para pagar los intereses de los depositarios como para mantener la infraestructura necesaria para atenderlos: sucursales, sistema informático, personal...

Para compensar esos gastos, los bancos prestan o invierten ese dinero, pero el SVB no era capaz de hacerlo —con unas mínimas garantías— a la misma velocidad que lo recibía. Así que, los directivos decidieron invertir la mayoría de esos nuevos depósitos en bonos respaldados por el gobierno estadounidense. Con los intereses prácticamente a cero, optaron por comprar bonos a diez años, para al menos <u>rascar una raquítica rentabilidad del 1,56 por ciento</u>[1].

---

[1]   <https://twitter.com/jamiequint/status/1633956163565002752>.

La tormenta perfecta

Inundar el mercado con dinero disparó la inflación y —para intentar detenerla— los bancos centrales empezaron a subir los tipos de interés, lo que hizo que bajara el precio de los bonos que había comprado el SVB. ¿Para qué compraría alguien bonos con una rentabilidad del 1,56 por ciento cuando podía comprar nuevos con el doble de rentabilidad?

Esa depreciación no tendría ninguna consecuencia para el SVB excepto que tuviera que vender sus bonos antes del plazo de diez años, cuando le devolverían el dinero que había invertido, el problema es que... tuvo que venderlos.

Una vez pasada la pandemia, se hizo evidente que el sector tecnológico se había acelerado demasiado. Las grandes compañías tecnológicas despidieron a miles de empleados y los inversores dejaron de financiar los proyectos que <u>no tuvieran un mínimo viso de ser rentables</u>[2] en algún momento. Las *startups* que habían ingresado sus rondas de inversión en el SVB empezaron a tirar de sus depósitos para poder sobrevivir mucho más rápido de lo que se generaban otros nuevos.

El pánico

El martes 7 de marzo, en algunos foros de emprendedores se empiezan a extender rumores de que SVB podría tener problemas de liquidez.

El miércoles 8, el SVB actuó de forma responsable para garantizar su liquidez y vendió parte de sus activos —como los bonos con interés al 1,56 por ciento— por un 80 por ciento de su valor original, aunque eso supusiera asumir unas pérdidas de 1.800 millones de dólares, y anunció una ampliación de capital para poder financiarse. Eso sí, <u>la operación se comunicó como el culo</u>[3] y en el peor momento posible, con el mercado

---

[2]   \<https://techcrunch.com/2022/05/19/yc-advises-founders-to-plan-for-the-worst/>.

[3]   \<https://twitter.com/lulumeservey/status/1634232327168557057>.

financiero aun digiriendo la quiebra del banco Silvergate y de FTX. El mercado entró en pánico y la acción de SVB se desplomó.

El jueves 9, Greg Becker —CEO del banco— compareció en una rueda de prensa en la que pidió a los clientes de SVB que mantuvieran la calma y no entraran en pánico... que consiguió exactamente el efecto contrario. Varios fondos de inversión empezaron a recomendar a sus compañías participadas que sacaran sus fondos del banco. Solo ese día se retiraron 42.000 millones del banco, que dejó un descubierto de 958 millones de dólares.

El viernes 10, la entidad era intervenida.

¿Y AHORA QUÉ?

Tanto en Norteamérica como en Europa existen fondos y organismos que garantizan los depósitos bancarios... hasta cierto punto (250.000 dólares en Estados Unidos y 100.000 euros en la Unión Europea), pero en el SVB apenas un 2,7 por ciento de los depósitos estaban garantizados por completo[4].

El cliente-tipo del SVB es una *startup* que ingresa en su cuenta el dinero levantado en su ronda de inversión, de donde va pagando las nóminas de sus empleados y sus gastos operativos. ¿Qué pasa con todos esos depósitos que superan los 250.000 dólares? Pues, básicamente, no se sabe.

En el mejor escenario, el SVB encontrará un comprador que se hará con todos sus activos a precio de derribo, a cambio de garantizar la liquidez de los depósitos. En el peor, se liquidarán todos los activos del banco y se pagará a cada depositario la parte proporcional que le corresponda. Si dichos activos se venden por un 80 por ciento de su precio original, cada empresa recibirá un 80 por ciento del dinero que tenía en cuenta, pero **la clave no es tanto el cuánto como el cuándo**.

---

[4]   <https://twitter.com/hectorchamizo/status/1634272660225130496>.

El organismo de control americano ha prometido que los clientes podrán retirar esos 250.000 dólares la próxima semana, pero para muchas *startups* no será dinero suficiente para pagar a su plantilla; y es posible que algunos directivos prefieran despedirla antes que asumir las responsabilidades legales que acarrea seguir operando cuando tu empresa está en quiebra técnica.

¿TE PODRÍA HABER PASADO ESTO A TI?

Como era previsible, las redes se han llenado de «Capitanes *a posteriori*» ridiculizando a los emprendedores que no mantienen varias cuentas bancarias <u>con un máximo de 250.000 dólares en cada una</u>[5]. Sostener semejante memez solo demuestra tener un completo desconocimiento de cómo se financia una *startup* o se gestiona una empresa de un mínimo tamaño.

Mantener ocho cuentas, con un saldo máximo de 250.000 dólares en cada una, en ocho entidades bancarias diferentes para ingresar una ronda de inversión de 2 millones de dólares —que en Silicon Valley se consideraría «modesta»— no solo sería una pesadilla administrativa sino, también, financieramente ineficiente.

Cuanto más dinero tienes en una entidad, mejores condiciones te ofrece, evidentemente, pero en el caso de las empresas no estamos hablando de bajar las comisiones por sacar efectivo en un cajero o regalarte una batería de cocina, sino líneas de crédito que pueden significar la diferencia entre la vida y la muerte de tu *startup*. Supongo que por eso no conozco ninguna pequeña o mediana empresa que trabaje con más de 3 o 4 entidades principales y que no esté expuesta —en mayor o menor medida— más allá de los depósitos garantizados.

No sé si a ti te hubiera podido pasar, pero a mí seguro que sí. Todo el dinero de Otogami estaba en el Sabadell. Todo el dinero de Manfred está

---

[5]   <https://twitter.com/11thJeff/status/1634353977579155457>.

en el Santander. En ambos casos, se superaban los 100.000 euros en el balance. Si los bancos cayeran, nosotros también lo haríamos.

En el caso del SVB, cuando se empezaron a oír las primeras voces de alarma, muchos emprendedores dudaron entre sacar el dinero del banco, asumiendo las cancelaciones de créditos y penalizaciones, o mantenerlo y esperar a ver qué pasaba. ¿Tú sacarías todos tus ahorros de tu banco —si eso supusiera perder un 5 o un 10 por ciento de los mismos— solo porque te lo recomendara un colega, a pesar de que <u>Forbes lo reconociera como uno de los mejores bancos de Estados Unidos</u>[6]?

La realidad es que si «solo» se hubiera retirado el 95 por ciento de todo el dinero que salió el jueves, <u>el SVB habría seguido pudiendo operar</u>[7].

¿Y POR QUÉ A MÍ DEBERÍA IMPORTARME?

Si trabajas en el sector tecnológico, **el impacto de la intervención del SVB es tan imprevisible como segura**, no ya por el indudable perjuicio a las miles de *startups* con fondos congelados, sino por los posibles impagos a sus empleados y proveedores.

Lo de «Silicon Valley Bank» te puede hacer creer que no se han visto afectadas empresas nacionales, pero estás muy equivocado. <u>Otra cosa es que quieran que se sepa</u>[8]. Al fin y al cabo, nadie quiere contratar a una empresa que tiene problemas.

Pero aunque no trabajes en el sector tecnológico, **por supuesto que esto puede afectarte y mucho**. Al fin y al cabo, todo el sistema se sustenta en la confianza. Si sus clientes la pierden y <u>creen que es mejor guardar tus ahorros en tarjetas-regalo de Starbucks</u>[9], toda la banca caerá

---

[6] <https://twitter.com/SVB_Financial/status/1632818336391213059>.

[7] <https://twitter.com/paul_griffiths/status/1634374116303163392?s=20>.

[8] <https://twitter.com/luisgosalbez/status/1634494916490346496?s=46&t=gAdY-foHlz81iYB>.

[9] <https://twitter.com/roshanpateI/status/1634237323326963725>.

como un castillo de naipes. Y te puede gustar más o menos, pero la banca es el intermediario que provee de crédito a personas, empresas y estados.

Cambiar el sistema[10] es más sencillo en la teoría que en la práctica. Si exigiéramos a los bancos conservar todos los depósitos de sus clientes, sus comisiones aumentarían y el crédito se reduciría y encarecería drásticamente. Eso sí, a cambio de democratizar el acceso a los productos financieros, hemos transformado el riesgo empresarial en un verdadero riesgo sistémico.

Y siempre que el Estado debe cubrir ese riesgo para mantener el sistema de confianza se suele plantear la nacionalización de la banca. Pero las entidades públicas han sido tradicionalmente menos eficientes que las privadas y nada impide que sean utilizadas por políticos de uno u otro signo para financiar sus propias iniciativas e intereses sin unas mínimas garantías financieras, lo que podría provocar pérdidas equiparables o superiores a los rescates a la banca privada.

Así que esto no va de que unos tecnobros mimados se queden sin pasta para pagar la oficina con futbolín y piscina de bolas en Palo Alto, sino de si nos creemos que esa cifra que aparece al consultar nuestro banco es algo real o una mera ilusión colectiva.

Por el momento, los cuatro principales bancos de Estados Unidos ya han perdido 52.000 millones de valoración bursátil[11]. Lo que pase en los próximos días, determinará la marcha de la economía mundial en los próximos meses o años.

El SVB no hizo nada «malo», pero si se inyecta dinero público en el mismo volveremos a caer por enésima vez en la injusta privatización de ganancias y socialización de pérdidas. Si no lo hacemos, las consecuencias serán impredecibles. ¿Quién está dispuesto a asumir esa responsabilidad?

En 2008, el Gobierno estadounidense dejó que Lehman Brothers cayera, pero eso tampoco nos trajo un sistema más justo. Los más débiles sufrieron los efectos de una crisis devastadora. Los más poderosos, apenas la recuerdan.

---

[10]   <https://es.wikipedia.org/wiki/Banca_de_reserva_fraccional>.

[11]   <https://twitter.com/El_Doomer/status/1634474580495699971>.

50
EPÍLOGO:
LA GENERACIÓN DE POINCARÉ
21 de enero de 2024

Henri Poincaré es considerado el último matemático universal. La última persona capaz de comprender todas las matemáticas de su tiempo. Después de su fallecimiento, en 1912, la disciplina creció demasiado como para poder dominarla por completo, incluso dedicando toda una vida a su estudio. Los matemáticos debían especializarse.

En Computación, la generación de los que nacimos entre 1970 y 1980 fue la última antes de alcanzar el Punto Poincaré. Los últimos en tener la capacidad de conocer y dominar toda la tecnología informática de nuestra época. Los últimos en vivir la llegada de la microinformática a las casas. Los últimos en conocer un mundo desconectado y sin nube. Los últimos en trabajar con monitores de fósforo verde y usar cabinas de teléfono. Cuando el último de nosotros muera, todos esos momentos se perderán en el tiempo, como lágrimas en la lluvia. El mundo cambiará.

En realidad, ha cambiado ya. Porque **hace tiempo que alcanzamos el Punto Poincaré, otra cosa es que estemos dispuestos a admitirlo** o a actuar en consecuencia.

Las nuevas generaciones conocerán los fundamentos de la profesión no porque los hayan experimentado sino por estudiarlos como hechos

históricos. Y, probablemente, nadie poseerá los conocimientos necesarios para programar desde cero y administrar con calidad comercial todos los componentes de una aplicación informática.

La deriva de la industria ya nos está arrastrando a ese futuro más o menos cercano ¿O acaso hay alguien que sea capaz de gestionar una infraestructura en la nube, administrar una base de datos, configurar los procesos de DevOps, desarrollar *backend* y *frontend* al mismo tiempo que diseña la interfaz y experiencia de usuario, con la calidad que demanda el mercado?

Cada vez <u>aparecen menos one-person armies</u>[1] y las que surgen suelen sustentarse en IaaS, plataformas de low code o assets prefabricados que suplen las carencias técnicas de sus fundadores.

Sin embargo, **la profesión parece obstinarse en ignorar esas señales**. Una vez rebasado el Punto Poincaré, ¿tiene sentido que sigamos buscando Full-Stack Developers? ¿Tiene sentido ofertar un grado de Ingeniería Informática con apenas un 7,5 por ciento de créditos del plan de estudios dedicado a la especialización?

---

[1] <https://mailchi.mp/bonillaware/one-man-armies>.

Igual que un matemático puede aplicar una ecuación sin conocer el desarrollo que ha permitido descubrirla y demostrarla, las generaciones post-Poincaré trabajaran con tecnologías no ya sin saber cómo han sido implementadas, sino ignorando los fundamentos informáticos en los que se basan. Desarrollar con Node sin tener ni idea de cómo gestiona el sistema operativo los hilos de ejecución; o tirar de IA para completar su código desconociendo la lógica detrás de un *transformer*. Seguirá habiendo generalistas, pero no universalistas, si es que queda alguno ya.

Porque, precisamente, los que más podemos sufrir con ese cambio de paradigma somos esa generación bisagra que conoció un mundo que ya no existe. Los que debemos asumir que no sabremos cómo funcionan alguna de las tecnologías que usaremos y eso no nos hará peores técnicos.

Lo que sí puede hacernos peores técnicos es que, en ese proceso de abstracción para ocultar problemas ya resueltos y permitir que nos centremos en solucionar otros, expongamos más complejidad que la que se supone que queremos encapsular. Por ejemplo, los elefantiásicos *frameworks* que actualmente dominan el desarrollo web. O las enmarañadas arquitecturas de contenedores para desplegar aplicaciones.

La mayoría reaccionamos a esta tendencia intentando «volver a los orígenes». Optando por tecnologías más sencillas, que disipen toda esa abstracción y nos den un mayor control sobre cómo interactúa nuestro código con la máquina donde se ejecuta. Pero en esa búsqueda de la sencillez **no debemos caer en el rechazo a cualquier tecnología que nos obligue a aceptar que la Informática ha cambiado... y nuestro rol también**.

¿Desestimamos el uso de la Inteligencia Artificial por el simple hecho de no comprender exactamente cómo funciona o porque nos obliga a aceptar que una máquina puede hacer algunas tareas intelectuales más eficientemente que nosotros? ¿No consideramos el uso de una plataforma No-Code, para desarrollar una aplicación sencilla, por sus limitaciones o porque permite que cualquiera pueda hacer un trabajo que creíamos reservado exclusivamente para nosotros?

Quizás, ahí esté nuestro sitio. Ayudar a las nuevas generaciones a no «reinventar la rueda» y señalar cuando esa abstracción, en vez de simplificar la resolución de problemas más complejos, está creando otros nuevos.

Quizás, en vez de lamentarnos por un pasado que nunca volverá, deberíamos alegrarnos por haber tenido la oportunidad de meter una cinta de casete en nuestro Amstrad CPC464 y —después de cinco minutos de carga— ver por primera vez las pantallas de «La Abadía del Crimen»; de haber roto el silencio de la noche con el soniquete de un módem telefónico de 56k; de haber flipado en directo con el «one more thing» de Steve Jobs presentando el iPhone o la primera vez que editamos un documento de forma colaborativa en Google Docs. Alegrarnos, transmitir nuestro legado a los que vengan más tarde y... dejarlo atrás.

Por incómodo que resulte, debemos decidir si preferimos vivir en el pasado o formar parte del presente, para contribuir con nuestra experiencia a construir el futuro de nuestra profesión.

Esta edición, primera,
de *El algoritmo que cambió el mundo*,
se terminó de imprimir en Casarrubuelos (Madrid),
en los talleres de Gómez Aparicio,
en el mes de noviembre de 2024.